职业教育汽车类专业新形态教材

QICHE FADONGJI GOUZAO YU WEIXIU

汽车发动机构造与维修

主　编　张志强　聂坤宇　谢云峰
副主编　刘福友　肖　洪　赖后德　靖开泉　蒋文韬　胡华平
参　编　陈　镇　王　超　罗　彬　李　玲　程洪良　达贵纯
　　　　肖　茂　武　莉　夏余斌　彭　荣　李中彬　向梦竹
主　审　黄泽好　黄钧浩

重庆大学出版社

内容简介

本书采用工作过程导向的形式编写,配有大量的实操、实图及视频。全书主要包括认知发动机、认知与检修曲柄连杆机构、认知与检修配气机构、认知与检修冷却系统、认知与检修润滑系统、认知与检修燃油供给系统等内容。

图书在版编目(CIP)数据

汽车发动机构造与维修 / 张志强,聂坤宇,谢云峰
主编. --重庆:重庆大学出版社,2020.10
职业教育汽车类专业新形态教材
ISBN 978-7-5689-2251-7

Ⅰ.①汽… Ⅱ.①张…②聂…③谢… Ⅲ.①汽车—
发动机—构造—中等专业学校—教材②汽车—发动机—车
辆修理—中等专业学校—教材 Ⅳ.①U472.43

中国版本图书馆 CIP 数据核字(2020)第 189524 号

汽车发动机构造与维修

主 编 张志强 聂坤宇 谢云峰
副主编 刘福友 肖 洪 赖后德
靖开泉 蒋文韬 胡华平
策划编辑:陈一柳
责任编辑:陈一柳 版式设计:陈一柳
责任校对:姜 凤 责任印制:赵 晟
*
重庆大学出版社出版发行
出版人:饶帮华
社址:重庆市沙坪坝区大学城西路 21 号
邮编:401331
电话:(023)88617190 88617185(中小学)
传真:(023)88617186 88617166
网址:http://www.cqup.com.cn
邮箱:fxk@cqup.com.cn(营销中心)
全国新华书店经销
重庆升光电力印务有限公司印刷
*
开本:787mm×1092mm 1/16 印张:11.75 字数:273 千
2020 年 10 月第 1 版 2020 年 10 月第 1 次印刷
印数:1—3000
ISBN 978-7-5689-2251-7 定价:59.00 元

本书围绕深入贯彻、落实国务院印发的《关于加快发展现代职业教育的决定》精神而编写,目的在于促进职业教育专业教学科学化、标准化和规范化。

本书的编写,是以教育部制定的 4 个汽车类专业教学标准为基本依据进行的。本书从编写到成稿,具有以下特色:

第一,按工作过程导向编写。编写团队认真总结了企业的职业岗位需求,吸收了先进的职教理念,采用了工作过程导向编写了此教材,目的是在与学生为主体的学习环境相适应的过程中,有明确的预期目标和能够达到的效果,从而具备解决问题的能力。

第二,配有高清图片说明。书中每一个操作步骤都配有高清的图片说明,并且包含工、量具的正确选择和使用,以及操作流程和工艺要求等内容,尽可能用图片、文字的形式展现知识点,提高可操作性。

第三,配有相关操作视频。书中对较难理解和需掌握部分配有相关操作视频,突出实用性原则,强调学生实际操作能力的培养。

本书由重庆市九龙坡职业教育中心张志强、谢云峰、胡华平、程洪良、达贵纯、武莉、肖茂、夏余斌、彭荣、李中彬、向梦竹,重庆市工商学校聂坤宇、蒋文韬,重庆市石柱土家族自治县职业教育中心罗彬、赖后德,重庆市北碚职教中心陈镇、靖开泉,重庆市南川隆化职业中学校王超,重庆育才职教中心李玲,重庆市荣昌区职业教育中心肖洪,重庆市涪陵第一职业中学校刘福友,重庆市巴南职业教育中心陈彬等同志参与编写。本书由张志强、聂坤宇、谢云峰担任主编;刘福友、肖洪、赖后德、靖开泉、蒋文韬、胡华平担任副主编;陈镇、王超、罗彬、李玲、程洪良、达贵纯、肖茂、武莉、夏余斌、彭荣、李中彬、向梦竹参。具体分工如下:刘福友、肖洪编写项目一,张志强编写项目二,聂坤宇编写项目三,谢云峰、胡华平、程洪良、达贵纯、肖茂、夏余斌编写项目四,蒋文韬、罗彬、武莉、赖后德编写项目五,陈镇、王超、罗彬、李玲、彭荣、李中彬、向梦竹编写项目六。本书礼请重庆理工大学车辆工程学院黄泽好教授、重庆市九龙坡职业教育中心黄钧浩主审。

本书在编写的过程中参考了各种资料,在此表示衷心感谢。由于编者水平有限,书中疏漏之处在所难免,敬请各位专家、学者及广大读者提出宝贵意见,以便再版时改正。

编　者

2020 年 5 月

CONTENTS 目 录

项目六　认知与检修燃油供给系统

项目一 | 认知发动机

汽车是由动力装置驱动,具有四个或四个以上车轮,可以单独行驶并完成载运任务的非轨道无架线车辆。汽车由各种工作装置和机构组成,通常分为发动机、底盘、车身及电气设备四个部分。其中,发动机是汽车的动力装置;底盘是构成汽车的基础,发动机通过底盘驱动汽车行驶;车身是提供驾驶员工作的场所及安置乘客与货物的空间;电气设备则包括汽车上的用电设备、供电电源、现代电子控制装置等。

任务一 认知发动机的基本结构及原理

发动机是将某一种形式的能量转化为机械能的机器。其中,将液体或气体燃料与空气混合后输入机器内部燃烧而产生热能,再转变成机械能的热力发动机称为内燃机,如汽油机和柴油机。内燃机具有热效率高、体积小、质量轻、便于移动及启动性好的优点。但是,由于内燃机使用石油燃料,排出的废气中含有较多的有害成分。为解决能源短缺和环境污染,目前世界各国正致力于排气净化及新能源发动机的研究。

内燃机按照活塞的运动形式分为往复活塞式内燃机和转子式内燃机。现代汽车广泛采用往复活塞式内燃机。

知识目标

- 能描述发动机的功用;
- 能描述发动机的类型;
- 能描述发动机的基本术语;
- 能说明发动机的工作原理;
- 能阐述汽油机与柴油机的区别。

任务实施

一、发动机的功用

发动机是汽车的心脏,是汽车的动力源泉,是将燃料燃烧所产生的化学能转化为机械能,从而驱动汽车行驶的装置。

二、发动机的分类

发动机的分类见表 1-1-1。

表 1-1-1　发动机的分类

分类方式	类　型	分类方式	类　型
按所用燃料分	汽油发动机	按冷却方式分	风冷发动机
	柴油发动机		水冷发动机
按着火方式分	点燃式发动机	按气缸数目分	单缸发动机
	压燃式发动机		多缸发动机
按工作循环方式分	二冲程发动机	按气缸排列方式分	直列发动机
	四冲程发动机		V 形发动机
按活塞运动方式分	往复活塞式发动机		水平对置发动机
	转子式发动机		W 形发动机

三、发动机的基本构造

汽车发动机由两大机构和五大系统构成,分别是曲柄连杆机构、配气机构,燃油供给系统、点火系统、润滑系统、冷却系统、启动系统。其中,因为柴油发动机的燃烧方式不同,没有点火系统。

四、发动机的基本术语

● 上止点:活塞在汽缸内作往复直线运动时,当活塞向上运动到最高位置,即活塞顶部距离曲轴旋转中心最远的极限位置时,称为上止点,其结构如图 1-1-1 所示。

● 下止点:活塞在汽缸内作往复直线运动时,当活塞向下运动到最低位置,即活塞顶部距离曲轴旋转中心最近的极限位置时,称为下止点,其结构如图 1-1-2 所示。

● 活塞行程:活塞从一个止点到另一个止点移动的距离,即上、下止点之间的距离称为活塞行程,一般用 S 表示。对应一个活塞行程,曲轴旋转 180°,其结构如图 1-1-3 所示。

● 曲柄半径:曲轴旋转中心到曲柄销中心之间的距离称为曲柄半径,一般用 R 表示。通常活塞行程为曲柄半径的 2 倍,即 $S=2R$,其结构如图 1-1-4 所示。

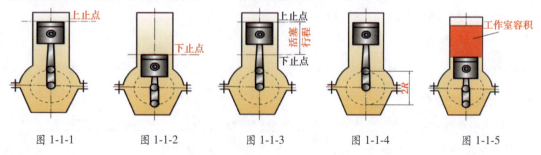

图 1-1-1　　　　图 1-1-2　　　　图 1-1-3　　　　图 1-1-4　　　　图 1-1-5

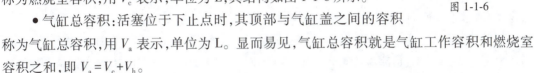

- 气缸工作容积:活塞从一个止点运动到另一个止点所扫过的容积,称为气缸工作容积或气缸排量,用 V_h 表示,$V_h = (\pi/4)D^2 \cdot S \times 10^{(-6)}$,单位为 L。式中 D 表示气缸直径,单位为 mm;S 表示活塞行程,单位为 mm,其结构如图 1-1-5 所示。

- 燃烧室容积:活塞位于上止点时,其顶部与气缸盖之间的容积称为燃烧室容积,用 V_c 表示,单位为 L,其结构如图 1-1-6 所示。

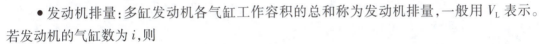

图 1-1-6

- 气缸总容积:活塞位于下止点时,其顶部与气缸盖之间的容积称为气缸总容积,用 V_a 表示,单位为 L。显而易见,气缸总容积就是气缸工作容积和燃烧室容积之和,即 $V_a = V_c + V_h$。

- 发动机排量:多缸发动机各气缸工作容积的总和称为发动机排量,一般用 V_L 表示。若发动机的气缸数为 i,则

$$V_L = V_h i$$

- 压缩比:气缸总容积与燃烧室容积之比称为压缩比,一般用 ε 表示。

$$\varepsilon = \frac{V_a}{V_c} = \frac{V_h + V_c}{V_c} = 1 + \frac{V_h}{V_c}$$

通常汽油发动机的压缩比为 9~11;柴油发动机的压缩比较高,一般为 16~22。

五、四行程发动机的工作原理

1. 四行程汽油发动机的工作原理

四行程汽油发动机的工作循环是按进气、压缩、做功和排气的顺序不断循环反复的。

(1)进气行程

活塞从上止点向下止点运动,排气门关闭,进气门打开。进气过程开始时,活塞位于上止点,气缸内残存有上一循环未排净的废气,因此,气缸内的压力稍高于大气压力。随着活塞下移,气缸内容积增大,压力减小,当压力低于大气压时,在气缸内产生真空吸力,可燃混合气通过进气门被吸入气缸。其原理如图 1-1-7(a)所示。

在进气过程中,由于进气系统有阻力,进气终了时气缸内气体压力略低于大气压,为 0.075~0.09 MPa,同时受到残余废气和高温机件加热的影响,气体温度达到 370~400 K。实际汽油发动机的进气门是在活塞到达上止点之前打开,并且延迟到下止点之后关闭,以便吸入更多的可燃混合气。

(2)压缩行程

活塞从下止点向上止点运动,这时进气门和排气门都关闭,气缸内成为封闭容积,可燃混合气受到压缩,压力和温度不断升高,当活塞到达上止点时压缩行程结束。其原理如图 1-1-7(b)所示。

压缩行程中,可燃混合气压力可达 0.6~1.2 MPa,温度可达 600~700 K。压缩比越大,压缩终了时气缸内的压力和温度越高,则燃烧速度越快、发动机功率也越大。但压缩比太高,容易引起爆燃。所谓爆燃就是由于气体压力和温度过高,可燃混合气在没有点燃的情况

下自行燃烧,且火焰以高于正常燃烧数倍的速度向外传播,造成尖锐的敲缸声。爆燃会使发动机过热,功率下降,汽油消耗量增加以及机件损坏。轻微爆燃是允许的,但强烈爆燃对发动机是有害的。

（3）做功行程

当活塞位于压缩行程接近上止点（即点火提前角）位置时,火花塞产生电火花点燃可燃混合气,此时进气门和排气门仍然保持关闭,高温高压气体膨胀,推动活塞从上止点向下止点运动,通过连杆使曲轴旋转并输出机械功。其原理如图1-1-7(c)所示。

在做功行程中,可燃混合气燃烧后放出大量的热使气缸内气体温度和压力急剧升高,最高压力可达3~5 MPa,最高温度可达2 200~2 800 K。随着活塞向下运动,气缸内容积增加,气体压力和温度降低。当活塞运动到下止点时,做功行程结束,气体压力降低到0.3~0.5 MPa,气体温度降低到1 300~1 600 K。

（4）排气行程

当做功接近终了时,排气门开启,进气门仍然关闭,靠废气的压力先进行自由排气,活塞到达下止点再向上止点运动时,继续把废气强制排出到大气中去,活塞越过上止点后,排气门关闭,排气行程结束。实际汽油发动机的排气行程也是排气门提前打开,延迟关闭,以便排出更多的废气。其原理如图1-1-7(d)所示。

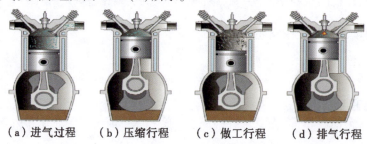

（a）进气过程　　（b）压缩行程　　（c）做工行程　　（d）排气行程

图1-1-7

排气行程终止时,由于燃烧室容积的存在,不可能将废气全部排出气缸,气体压力仍高于大气压力,为0.105~0.115 MPa,温度为900~1 200 K。曲轴继续旋转,活塞从上止点向下止点运动,又开始了下一个新的循环过程。

可见四行程汽油发动机经过进气、压缩、做功、排气四个行程完成一个工作循环,这期间活塞在上、下止点往复运动了四个行程,相应地曲轴旋转了两圈。

2.四行程柴油发动机的工作原理

四行程柴油发动机和四行程汽油发动机的工作过程相同,同样包括进气、压缩、做功和排气四个行程,但由于柴油发动机使用的燃料是柴油,柴油与汽油有较大的差别,柴油黏度大,不易蒸发,自燃温度低,故可燃混合气的形成、着火方式、燃烧过程以及气体温度压力的变化都和汽油发动机不同。下面主要分析一下柴油发动机和汽油发动机在工作过程中的不同点。

（1）进气行程

四行程柴油发动机在进气行程中吸入气缸的是纯空气，而不是可燃混合气。进气终了时气体压力为 0.078 5~0.093 2 MPa，气体温度为 300~370 K。

（2）压缩行程

四行程柴油发动机压缩行程压缩的也是纯空气，在压缩行程接近上止点时，喷油器将高压柴油以雾状喷入燃烧室，柴油和空气在气缸内形成可燃混合气并着火燃烧。压缩终了时，气体压力为 3.5~4.5 MPa，气体温度为 750~1 000 K。

（3）做功行程

柴油喷入气缸后，在很短的时间内与空气混合后便立即着火燃烧，柴油发动机的可燃混合气是在气缸内部形成的，而不像汽油发动机那样，混合气主要是在气缸外部形成的。柴油发动机燃烧过程中气缸内出现的最高压力要比汽油发动机高得多，可高达 6~9 MPa，最高温度也可高达 2 000~2 500 K。做功终了时，气体压力为 0.2~0.4 MPa，气体温度为 1 200~1 500 K。

（4）排气行程

柴油发动机的排气行程和汽油发动机一样，废气同样经排气管排入到大气中去。排气终了时，气缸内气体压力为 0.105~0.125 MPa，气体温度为 800~1 000 K。

> ☆ 知识窗
>
> 　　柴油发动机与汽油发动机比较，柴油发动机的压缩比高，热效率高，燃油消耗率低，同时柴油价格较低，因此，柴油发动机的燃料经济性能好，而且柴油发动机的排气污染少，排放性能较好。但它的主要缺点是转速低、质量大、噪声大、振动大、制造和维修费用高。在柴油发动机的发展过程中，如果柴油发动机不断发扬其优点，克服缺点，提高速度，有望得到更广泛的应用。

四行程发动机，只有一个行程是做功的，其他三个行程是做功的辅助行程，因此曲轴的转速是不均匀的。为让发动机平稳运转可以安装飞轮和采用多缸四行程发动机。在多缸四行程发动机的每一个气缸内，所有的工作过程都是相同的，但各个气缸并不同时做功，而是按照一定的工作顺序进行。气缸数越多，发动机工作越平稳，但结构越复杂，尺寸和质量也会增加。

任务二　认知发动机的性能指标及标识

发动机的性能指标是用来表征发动机的性能特点，并作为评价各类发动机性能优劣的依据。发动机的性能指标主要有：动力性指标、经济性指标、环境指标、可靠性指标和耐久性指标。

知识目标

- 能说明发动机的性能指标；
- 能阐述发动机的编号。

任务实施

一、发动机的主要性能指标

发动机的性能指标是用来衡量发动机性能好坏的标准。发动机的主要性能指标有：动力性能指标、经济性能指标和排放性能指标。

1. 动力性能指标

动力性能指标是指曲轴对外做功能力的指标，包括有效转矩、有效功率和曲轴转速。

- 有效转矩：发动机曲轴对外输出的净转矩，通常用 T_e 表示，单位为 N·m。
- 有效功率：发动机曲轴对外输出的净功率，通常用 P_e 表示，单位为 kW。
- 曲轴转速：发动机曲轴每分钟的转数，单位为 r/min。

2. 经济性能指标

通常用燃油消耗率来评价内燃机的经济性能。燃油消耗率是指单位有效功率的燃油消耗量，也就是发动机每发出 1 kW 有效功率在 1 h 内所消耗的燃油质量（以 g 为单位），通常用 g_e 表示，其单位为 g/(kW·h)。很明显，有效燃油消耗率越小，发动机曲轴输出净功率所消耗的燃油越少，其经济性越好。

3. 排放性能指标

排放性能指标包括排放烟度、有害气体（CO、HC、NO_x）排放量、噪声等。

二、国产内燃机型号编制规则

1. 国产内燃机产品名称和型号编制规则

2008 年 6 月 3 日中华人民共和国国家市场监督管理总局和中国国家标准化管理委员会联合发布了《内燃机产品名称和型号编制规则》（GB/T 725—2008），内燃机型号由 4 部分组成，如图 1-2-1 所示。

2. 国产内燃机型号实例

（1）汽油发动机

- 1E65F/P：单缸、二行程、缸径 65 mm、风冷、通用型。
- CA6102：中国一汽、6 缸、直列、四行程、缸径 102 mm、水冷。

（2）柴油发动机

- G12V190ZLD：12 缸、V 形、四行程、缸径 190 mm、冷却液冷却、增压中冷、发电用（G 为系列代号）。
- YZ6102Q：六缸、直列、四行程、缸径 102 mm、冷却液冷却、车用（YZ 为扬州柴油机厂

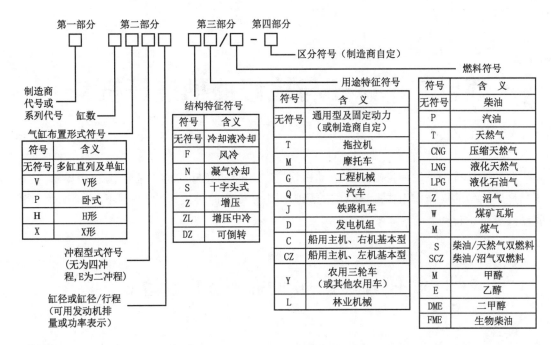

图 1-2-1　国产内燃机型号的组成

代号)。

● R175A：单缸、四行程、缸径 75 mm、冷却液冷却(R 为系列代号，A 为区分符号)。

● 8E150C-1：8 缸、直列、二行程、缸径 150 mm、冷却液冷却、船用主机、右机基本型(1 为区分符号)。

● JC12V26/32ZLC：12 缸、V 形、四行程、缸径 260 mm、行程 320 mm、冷却液冷却、增压中冷、船用主机、右机基本型(JC 为济南柴油机股份有限公司代号)。

● 12VE230/300ZCZ：12 缸、V 形、二行程、缸径 230 mm、行程 300 mm、冷却液冷却、增压、船用主机、左机基本型。

● G8300/380ZDZC：8 缸、直列、四行程、缸径 300 mm、行程 380 mm、冷却液冷却、增压、可倒转、船用主机、右机基本型(G 为系列代号)。

项目二 ｜ 认知与检修曲柄连杆机构

曲柄连杆机构是发动机的主要运动机构之一。曲柄连杆机构主要提供燃烧场所，把燃料燃烧后产生的气体作用在活塞顶上的膨胀压力转变为曲轴旋转的转矩，不断输出动力，以驱动汽车车轮转动。

／任务一／　认知曲柄连杆机构

曲柄连杆机构是发动机的重要组成部件，是往复活塞式发动机将热能转换为机械能的主要机构。曲柄连杆机构的作用是提供燃烧场所，把燃料燃烧后产生的气体作用于活塞顶上的膨胀压力转变为曲轴旋转的转矩，不断输出动力。

知识目标
- 能描述曲柄连杆机构的结构组成及功用；
- 能阐述曲柄连杆机构的各主要组成部件及其位置，说出各主要部件之间的关系。

技能目标
- 会正确识别不同车型的曲柄连杆机构零部件；
- 能规范使用工具、量具和设备，养成安全文明生产的意识。

任务实施

一、曲柄连杆机构的作用

曲柄连杆机构是往复式内燃机中的动力传递系统，是发动机实现工作循环，完成能量转换的主要运动部分。在做功冲程中，它用燃料燃烧产生的热能推动活塞往复运动，由曲轴旋转运动转变为机械能，对外输出动力。在其他行程中，则依靠飞轮产生的转动惯性、通过连杆带动活塞上下运动，为下一次做功创造条件。

图 2-1-1

二、曲柄连杆机构的组成

如图 2-1-1 所示，曲柄连杆机构主要由机体组、活塞连杆组和曲轴飞轮组三部分组成。

三、曲柄连杆机构的工作条件

曲柄连杆机构是在高压、高温、高速以及有化学腐蚀的条件下工作的。发动机气缸内最高温度可达 2 500 K 以上,最高压力可达 5~9 MPa,最高转速可达 4 000~6 000 r/min。曲柄连杆机构在工作中的受力情况很复杂,有气体作用力、往复惯性力、离心力、摩擦力、外界阻力。上述各种力作用在曲柄连杆机构的有关零件上,使零件受到压缩、拉伸、弯曲和扭曲等不同形式的载荷。为了保证工作可靠,减少磨损,减轻震动,在零件结构上采取了相应的措施。例如为了减少往复惯性力,活塞采用了密度小的铝合金材料;为了增强连杆抵抗变形的能力,将其断面制成"工"字形;为了减小离心力的影响,在曲轴上增设了平衡块;为减少主要机件的磨损,采取了提高零件加工精度、表面硬度以及加强润滑等措施。

/任务二/　认知与检修机体组

机体组是发动机的支架,是曲柄连杆机构、配气机构和发动机各系统主要零部件的装配基体。机体组把发动机的各个机构和系统组成为一个整体,保持它们之间必要的相互关系。

知识目标
- 能描述机体组的作用;
- 能说出机体组的组成;
- 能描述气缸套的分类;
- 能描述气缸盖的组成;
- 能说出气缸盖的结构;
- 能说出气缸垫的作用和安装方法。

相关知识

如图 2-2-1 所示,机体组包括气缸盖罩、气缸盖、气缸垫、气缸体、油底壳(曲轴箱),是构成发动机的基础件,是发动机各机构和各系统的安装基础,其内、外安装着发动机的所有主要零件和附件,承受各种载荷。

一、气缸体与曲轴箱

1. 气缸体的结构与作用

气缸体是发动机各个机构和系统的装配基体,是发动机中最重要的一个部件。气缸体上部有一个或数个引导活塞在其中进行直线往复运动的圆柱形空腔,称为气缸;气缸体下部为支撑曲轴的曲轴箱。气缸体有水冷式气缸体和风冷式气缸体,水冷式气缸体一般与上曲轴箱铸成一体,称为气缸体。气缸体有水道和润滑油道,其结构如图 2-2-2 所示。

2.气缸体的工作条件

在发动机工作时,气缸体承受拉、压、弯、扭等不同形式的机械负荷,同时还因为气缸壁面与高温燃气直接接触而承受很大的热负荷。因此,气缸体应具有足够的强度和刚度,且耐磨损和耐腐蚀。同时,应对气缸进行适当的冷却,以免气缸体损坏和变形。

3.气缸体的材料

气缸体的材料一般采用铝合金或铸铁。铝合金质量轻,散热效果好,抗爆性好,加工工艺简单,经济性好,但是强度、刚度较差,耐磨性和耐蚀性较差,适用于中小功率发动机,如图2-2-3所示。铸铁气缸体强度高,刚性好,耐磨性好,耐蚀性好,热负荷能力强,成本低,但是其质量较大,一般用于大功率和增压发动机,如图2-2-4所示。

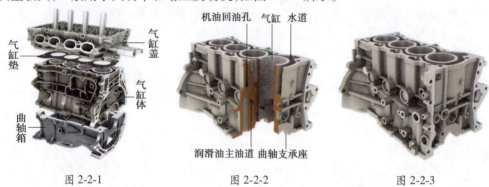

图 2-2-1　　　　　　　　　图 2-2-2　　　　　　　　　图 2-2-3

4.气缸体的类型

气缸体根据气缸的排列方式分为直列式、V形、W形、水平对置式4种。

● 直列式气缸体:直列式气缸体(L形),结构简单,制造、维修容易,强度刚度好,制造成本低,尺寸紧凑。但是其长度和高度较高,运转平稳性较差。直列式气缸体的气缸数不超过6缸,其排列如图2-2-5所示。

● V形气缸体:V形气缸体将所有气缸分成两组,把相邻气缸以一定夹角布置在一起,使两组气缸形成有一个夹角的平面,从侧面看气缸呈V字形,故称V形发动机。V形气缸体的高度和长度尺寸小,使发动机运转平稳性好,在汽车上布置起来较为方便。V形气缸体的缺点是必须使用两个气缸盖,结构较为复杂、成本较高;另外,其宽度加大后,发动机两侧空间较小,不易再安放其他装置,其排列如图2-2-6所示。

图 2-2-4　　　　　　　　　图 2-2-5　　　　　　　　　图 2-2-6

● W 形气缸体：W 形气缸体是由两个小 V 形气缸组成的一个大 W 形气缸。W 形气缸体与 V 形气缸体相比更短一些，曲轴也短些，这样能节省发动机所占的空间，同时质量也轻些，但它的宽度更大，其排列如图 2-2-7 所示。

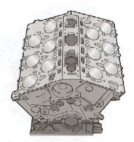

图 2-2-7

图 2-2-8

● 水平对置式气缸体：水平对置式气缸体（H 形）的最大优点是重心低。由于它的气缸为"平放"，因此降低了汽车的重心，同时又能让车头设计得又扁又低，这些因素都能增强汽车的行驶稳定性。此外，水平对置的气缸布局是一种对称稳定结构，这使得发动机的运转平顺性比 V 形发动机还好，运行时的功率损耗也是最小，其排列如图 2-2-8 所示。

5. 曲轴箱的形式

曲轴箱的主要作用是保护和安装曲轴，其结构形式有 3 种，如图 2-2-9 所示。平分式（一般式）发动机曲轴轴线与气缸体下表面在同一平面上。这种结构便于加工，但刚度小，多用于中小型发动机。龙门式发动机曲轴轴线高于气缸体的下表面。这种结构刚度较高，但工艺性较差，多用于大中型发动机。隧道式发动机的曲轴箱座孔为整体式，其强度和刚度最高，主轴承同轴度容易保证，但拆装困难，多用于负荷较大的发动机。

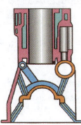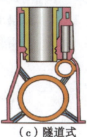

（a）一般式　　（b）龙门式　　（c）隧道式

图 2-2-9

6. 气缸套

在气缸中，除了与活塞配合的气缸壁表面外，其他部分对耐磨性要求并不高。为了材料上的经济性，广泛采用在缸体内镶入气缸套来形成气缸工作表面。这样，缸套可用耐磨性较好的合金铸铁或合金钢制造，以延长气缸的使用寿命。气缸体可用价格较低的普通灰铸铁。气缸体采用铝合金也必须镶套。

气缸套是安装在机体上单独的圆筒形零件，然后再装到气缸体内，其装配如图 2-2-10 所示。材料为合金铸铁或合金钢制成。

气缸套有湿式气缸套和干式气缸套两种。如图 2-2-11 所示，干式缸套不直接与冷却液接触，壁厚一般为 1~3 mm，不易漏水、漏气，缸体结构刚度大。

湿式缸套装入气缸体后，其外壁直接与冷却水接触，壁厚一般为 5~9 mm。缸套下部常装有 1~3 道橡胶密封圈来封水，防止冷却液渗漏。铸造较容易，又便于修理更换，且散热效果较好。

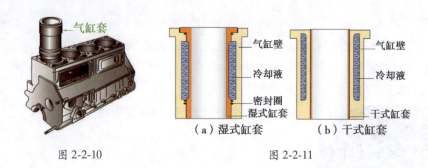

气缸套

气缸壁
冷却液
密封圈
湿式缸套
（a）湿式缸套

气缸壁
冷却液
干式缸套
（b）干式缸套

图 2-2-10   图 2-2-11

7. 气缸体的修理

气缸体的主要耗损形式有裂纹、变形和磨损。

（1）裂纹

气缸体的裂纹通常采用目测法和水压试验法来检查，一旦检查出裂纹，首先用 $\phi4$ mm 的钻头在裂纹两端钻孔（止裂孔），防止裂纹的进一步延伸；然后可视情况进行焊修、胶粘等，当裂纹通过螺纹孔、轴承孔、重要平面时必须更换气缸体。

（2）变形

变形主要是指气缸体上平面和前后端面的变形以及曲轴主轴承座孔的变形，其主要表现为平面的平面度超差和轴承座孔的同轴度超差。气缸体上平面是否变形可用检查上平面平面度的方法，在气缸体上平面的六个方向上放置刀口形直尺，并用塞尺测量刀口形直尺与气缸体上平面之间的间隙，测得的最大值即为气缸体上平面的平面度误差。气缸体上平面的平面度误差若超过使用极限，可用磨削或铣削加工修理，但总加工量不能超过 0.30 mm。

（3）磨损

气缸体的磨损主要发生在气缸、曲轴轴承孔等部位，其中气缸的磨损程度是衡量发动机是否需要大修的依据之一。

① 气缸的磨损规律

气缸的磨损程度对汽车的动力性影响最大。气缸磨损使其与活塞、活塞环的配合间隙增大，增加漏气损失，同时使气缸压缩时的压力降低，导致发动机动力性下降。造成气缸磨损的原因很多，主要有润滑不良、机械磨损、酸性腐蚀和磨料磨损等。气缸在使用过程中，其表面在活塞环运动的区域内形成不均匀的磨损。沿气缸内轴线方向磨成上大下小的锥形，磨损最大部位是当活塞在上止点位置时第一道活塞环相对应的缸壁。活塞环不接触的上口，几乎没有磨损而形成缸肩。气缸沿圆周方向磨损也不均匀，形成不规则的椭圆形，最大径向磨损区通常接近进气门的对面。

② 气缸磨损的检查

清洁气缸壁上的油污和积炭后，在气缸的上、中、下三个不同的高度及气缸的纵向和横向两个方向的六个部位，用量缸表测量气缸直径，然后根据测量结果计算出气缸的最大磨损量、圆度误差和圆柱度误差。

圆度误差是指同一横截面上磨损的不均匀性，用同一横截面上不同方向测得的最大与最小直径差值的一半作为圆度误差。

圆柱度误差是指沿气缸轴线的轴向截面上磨损的不均匀性,其数值为被测气缸表面任意方向所测得的最大与最小直径差值的一半。

③气缸的维修

气缸磨损若未超过其使用极限,可更换活塞环继续使用。若气缸磨损超过使用极限,可采用修理尺寸法或镶套法修复。根据气缸的磨损情况和原厂规定的修理尺寸等级,确定其修理尺寸。同一发动机所有气缸的修理级别应是一致的,修理级别一般分为4~6级,每级加大0.25 mm。气缸的修理尺寸确定后,选择同级别的活塞。若磨损后的尺寸已经接近或超过最后一级修理尺寸时,可采用镶套法(镶干式气缸套)进行修理或更换气缸体。

对镶有干式气缸套的气缸体,气缸磨损超过使用极限后,可采用修理尺寸法进行修复。若磨损后的尺寸已经接近或超过最后一级修理尺寸时,可采用镶套法修复。干式气缸套与承孔的过盈量一般为0.03~0.08 mm,新的气缸套压装后上端平面应与气缸体上平面平齐。对镶有湿式气缸套的气缸体,气缸磨损超过使用极限后,可采用更换法修复。

二、气缸盖

1.气缸盖的作用

气缸盖的主要作用是封闭气缸上部,与活塞顶部和气缸壁一起构成燃烧室,如图2-2-12所示。

2.气缸盖的结构

气缸盖内还铸有水套、进排气道和燃烧室或燃烧室的一部分。若凸轮轴安装在气缸盖上,则气缸盖上还加工有凸轮轴承孔或凸轮轴承座及其润滑油道,如图2-2-13所示。

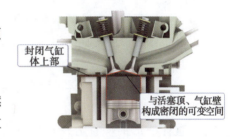

图 2-2-12

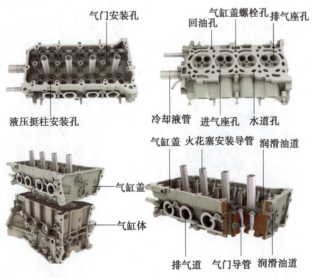

图 2-2-13

3.气缸盖的工作环境

气缸盖采用铸铁或铝合金为材料,其要承受燃气造成的巨大的热负荷、气体压力以及紧固气缸盖螺栓所造成的机械负荷,其密封平面易发生变形而影响密封。为了减小缸盖的变形,气缸盖应具有足够的强度和刚度。为了使气缸盖的温度分布尽可能地均匀,避免进、排气门座之间发生热裂纹,应对气缸盖进行良好的冷却。一般水冷式发动机气缸盖内铸有冷却水套,缸盖下端面与缸体上端面所对应的水套是相通的,利用水的循环来冷却燃烧室壁等高温部分。风冷式发动机气缸盖上铸有许多散热片,靠增大散热面积来降低燃烧室的温度。气缸盖有一缸一盖和多缸一盖。轿车常用多缸一盖,重型商用车常用一缸一盖。

由于气缸盖采用的材料不同,在对气缸盖拆装时的要求也不一样。对于铝合金气缸盖,在冷态下按照规定力矩拧紧;对于铸铁气缸盖,除了在冷态下按照规定力矩拧紧外,在热态下再紧固一次。

4.气缸盖的修理

气缸盖的主要耗损形式是裂纹、变形和积炭。

（1）裂纹

气缸盖裂纹多发生在冷却水套薄壁处或气门座处,会导致漏水、漏油或漏气。气缸盖裂纹的检查和维修可参照气缸体裂纹进行。

（2）变形

气缸盖变形是指与气缸体的结合平面的平面度误差超限。气缸盖变形的原因一般是热处理不当、缸盖螺栓拧紧力矩不均、缸盖螺栓拆卸顺序错误或放置不当等。气缸盖变形的检查方法与缸体变形的检查方法相同。当气缸盖与气缸体的结合平面的平面度误差超过0.05 mm时,应对其进行铣削或磨削修理。

（3）积炭

气缸盖上燃烧室积炭过多,会使燃烧室容积变小,改变发动机的压缩比。燃烧室积炭可采用机械法或化学法进行清理。用机械法清除积炭比较简单,清除时利用钢丝刷或刮刀清除积炭。化学法清除积炭是利用化学溶剂对积炭浸泡2~3 h,靠物理或化学作用使积炭软化,然后用刷洗或擦洗法去除积炭。

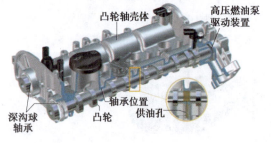

凸轮轴壳体　高压燃油泵驱动装置

轴承位置　供油孔

深沟球轴承　凸轮

图 2-2-14

三、气缸盖罩

气缸盖罩是用来密封气缸盖上部,防止外部杂质等进入发动机和飞溅起来的机油泄漏,同时也是起到静音的作用,材料采用铝合金或塑料,如图 2-2-14 所示。

四、气缸垫

气缸垫安装在气缸盖和气缸体中间,是保证气缸盖与气缸体接触面的密封,防止漏油、漏气和漏水,其作用如图 2-2-15 所示。安装时要注意安装方向,有标记的一面朝上,有箭头的朝前。气缸垫通常是一次性使用的。

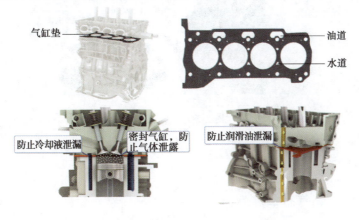

气缸垫

油道

水道

防止冷却液泄漏

密封气缸,防止气体泄露

防止润滑油泄漏

图 2-2-15

五、燃烧室

常见的汽油机燃烧室有楔形、盆形、半球形三种,如图 2-2-16 所示。

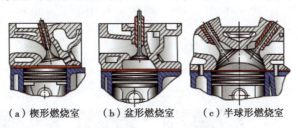

（a）楔形燃烧室　　（b）盆形燃烧室　　（c）半球形燃烧室

图 2-2-16

● 楔形燃烧室:结构简单、紧凑,散热面积小,热损失也小,能保证混合气在压缩行程中形成良好的涡流运动,有利于提高混合气的混合质量,进气阻力小,提高了充气效率。气门排成一列,使配气机构简单,但火花塞置于楔形燃烧室高处,火焰传播距离更长。

● 盆形燃烧室:气缸盖工艺性好,制造成本低,但因气门直径易受限制,进、排气效果要比半球形燃烧室差。

● 半球形燃烧室:结构紧凑,火花塞布置在燃烧室中央,火焰行程短,故燃烧速率高,散热少,热效率高。这种燃烧室结构上也允许气门双行排列,进气口直径较大,故充气效率较高,虽然使配气机构变得较复杂,但有利于排气净化,在轿车发动机上被广泛地应用。

六、油底壳

油底壳的作用是存储机油及封闭曲轴箱,如图 2-2-17 所示。其材料主要是钢板或铝合金。油底壳底部还装有放油螺塞,通常放油螺栓上装有永久磁铁,以吸附润滑油中的金属屑,减少发动机的磨损。

图 2-2-17　油底壳

任务实施

训练 1　拆装与检测气缸盖和气缸垫

1. 拆卸气缸盖与气缸垫

准备工作

科鲁兹 1.6LDE 发动机、工作台、发动机翻转架、专用工具、120 件套组合工具一套、可调式扭力扳手、指针式扭力扳手、橡胶锤、木块等，如图 2-2-18 所示。

操作要领

①清洁发动机外表面，防止脏物掉进气门室里面，如图 2-2-19 所示。

图 2-2-18

图 2-2-19

②检查发动机上的附件是否完全拆除，如未拆除，应将其完全拆除，如图 2-2-20 所示。

③选择合适的套筒，用棘轮扳手从两边向中间交叉、分次拧松气门室罩盖螺栓；接着用棘轮扳手拧下气门室罩盖螺栓，如图 2-2-21 所示。

④用橡胶锤轻轻松动气门室罩盖，并取下气门室罩盖，如图 2-2-22 所示。

⑤拆下正时传动装置，如图 2-2-23 所示。

⑥按两边向中间交叉、分次拧松，拆下进气歧管，如图 2-2-24 所示。

⑦按两边向中间交叉、分次拧松，拆下排气歧管，如图 2-2-25 所示。

⑧气缸盖螺栓第一次按两端向中间的循环法顺序松开 90°，如图 2-2-26 所示。

图 2-2-20

图 2-2-21

（a）

（b）

图 2-2-22

图 2-2-23

图 2-2-24

图 2-2-25

图 2-2-26

⑨气缸盖螺栓第二次按循环法顺序松开 180°，如图 2-2-27 所示。

⑩用棘轮快速松下气缸盖螺栓，如图 2-2-28 所示。

图 2-2-27

图 2-2-28

⑪取出气缸盖螺栓，如图 2-2-29 所示。

⑫橡胶锤轻轻振动气缸盖，如图 2-2-30 所示。

图 2-2-29

图 2-2-30

⑬拆下气缸盖并放在木质垫块上，如图 2-2-31 所示。

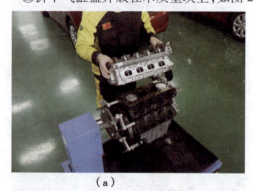

（a）

（b）

图 2-2-31

⑭取下气缸垫，如图 2-2-32 所示。

质量标准与

注意事项

2. 检测气缸盖

准备工作

塞尺、刀口直尺、铲刀、工单等。

操作要领

①清洁、检查工量具是否完好，并摆放好，如图 2-2-33 所示。

②测量前先清洁工量具，如图 2-2-34 所示。

图 2-2-32

图 2-2-33

图 2-2-34

③目视检查气缸盖是否损伤，如图 2-2-35 所示。

> ☆ 小提示
>
> 气缸盖不得有裂纹，否则应更换气缸盖。

④检查气缸盖螺栓螺纹是否损坏，如图 2-2-36 所示。

图 2-2-35

图 2-2-36

> ☆ 小提示
>
> 螺纹不得有烂牙、乱牙及滑牙现象，同时螺栓不得有变形和裂纹等现象。

⑤用刀口直尺和塞尺检测气缸盖平面度,如图 2-2-37 所示。

> ☆ 小提示
>
> 气缸盖的平面度标准值为 100 mm：0.05 mm。

⑥测量气缸盖平面度位置,如图 2-2-38 所示。填写测量表(见表 2-2-1),并取其中的最大值为气缸盖的平面度误差。

图 2-2-37

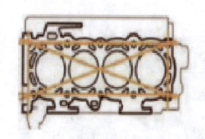

图 2-2-38

表 2-2-1　气缸盖下平面测量表

单位:mm

位置号	测量点 1	测量点 2	测量点 3	测量点 4	测量点 5	测量点 6	平面度	判定结果 (更换、维修)
横向 1								
横向 2								
纵向 1								
纵向 2								
对角线 1								
对角线 2								

质量标准与
注意事项

3. 装配气缸盖与气缸垫

准备工作

专用工具、150 件套组合工具一套、指针式扭力扳手、可调式扭力扳手、机油壶、新气缸垫等,如图 2-2-39 所示。

操作要领

①按照维修手册中的要求安装气缸盖(从中间循环向外紧固螺栓)。

②安装气缸垫,如图 2-2-40 所示。

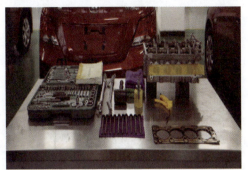

图 2-2-39

图 2-2-40

③安装气缸盖,如图 2-2-41 所示。
④安装缸盖螺栓,如图 2-2-42 所示。

图 2-2-41

图 2-2-42

⑤拧紧螺栓时,先由棘轮扳手按中央循环向四周扩展的顺序进行预紧,如图 2-2-43 所示。
⑥用扭力扳手分 2~3 次把螺栓拧紧到所规定的力矩,如图 2-2-44 所示。

图 2-2-43

图 2-2-44

☆ 小提示

铝合金气缸盖在冷态下拧紧,铸铁气缸盖要求在热态下再拧紧一次。

⑦安装进排气凸轮轴。

⑧安装正时传动装置。

⑨按规定力矩安装气门室罩盖,如图 2-2-45 所示。

⑩按规定力矩安装进气歧管,如图 2-2-46 所示。

图 2-2-45　　　　　　　　　　图 2-2-46

⑪按规定力矩安装排气歧管,如图 2-2-47 所示。

（a）　　　　　　　　　　（b）

图 2-2-47

⑫清洁发动机,如图 2-2-48 所示。

⑬整理场地,工量具清洁、归位,如图 2-2-49 所示。

质量标准与
注意事项

图 2-2-48　　　　　　　　　　图 2-2-49

训练 2　检测气缸体

准备工作

量缸表、游标卡尺、千分尺、刀口直尺、塞尺、台虎钳、毛巾等,如图 2-2-50 所示。

操作要领

①目视检查气缸体外观是否有裂纹等现象,如有裂纹则应更换气缸体,如图 2-2-51 所示。

图 2-2-50

图 2-2-51

②取出并进行清洁和检查,如图 2-2-52(a)、(b)、(d)所示。注意不得出现图 2-2-52(c)所示的情况,刀口尺的刀尖不得对准自己和别人,以免伤害自己和他人。

（a）

（b）

（c）

（d）

图 2-2-52

③用刀口尺配合塞尺检测气缸体上平面度,记录测量的数据(标准值:0.05 mm)(见表2-2-2),如图2-2-53所示。

表2-2-2　测量记录表

测量点	横　向	纵　向	对角线	判定结果(更换、维修)
1				
2				
3				

（a）　　　　　　　　　　　　　　　　（b）

图 2-2-53

④测量气缸内径。

a.用干净布清洁游标卡尺,并校零,如图2-2-54所示。

b.用游标尺测量气缸缸肩处直径,初步确定气缸基本直径(标准直径:79.00 mm),如图2-2-55所示。

图 2-2-54　　　　　　　　　　　　　　图 2-2-55

c.清洁千分尺和标准件(测量棒),并校零。千分尺调到基本尺寸并锁上,如图2-2-56所示。

d.清洁百分表,并检查量缸表有无问题,如图2-2-57所示。

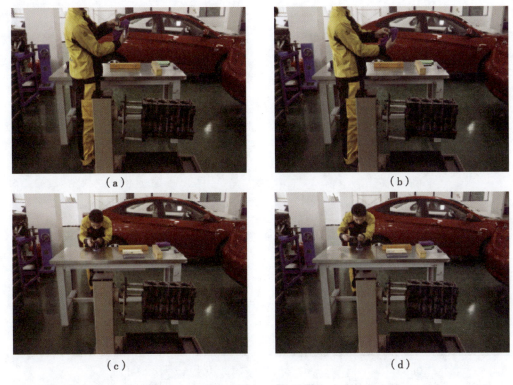

（a）　　　　　　　　　　　　（b）

（c）　　　　　　　　　　　　（d）

图 2-2-56

（a）　　　　　　　　　　　　（b）

图 2-2-57

e. 组装量缸表，将百分表校准到外径千分尺的尺寸，并调整伸缩杆的压缩行程，使小指针指到 1～2 mm。旋转表盘使大指针对准零位并锁紧，如图 2-2-58 所示。

f. 测量时将量缸表的导向轮横向放入气缸并沿着缸壁走，直到表头到距离气缸顶部10 mm 处。前后摆动百分表，读出气缸直径；然后再垂直 90°测量纵向气缸直径，记录数据（见表 2-2-3）。按照同样方法，依次测量中部和下部的气缸直径，并记录数据，如图 2-2-59 所示。

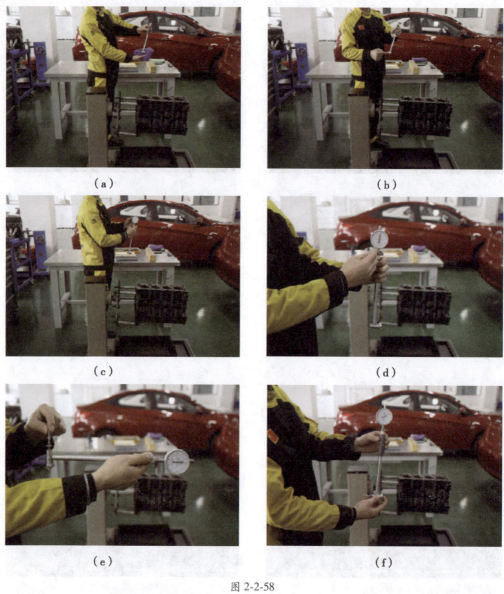

图 2-2-58

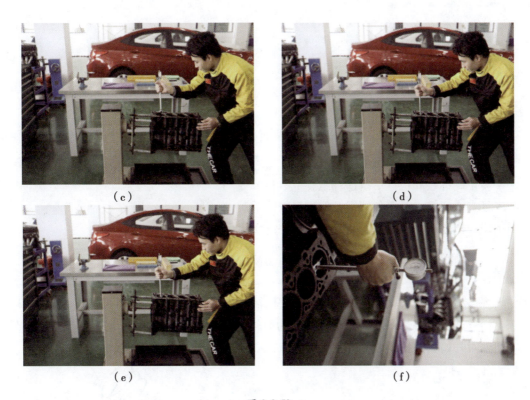

（c）　　　　　　　　　　　　　（d）

（e）　　　　　　　　　　　　　（f）

图 2-2-59

表 2-2-3　单缸测量记录表

位　置	横　向	纵　向	圆　度	圆柱度	判定结果（维修、更换）
1					
2					
3					

质量标准与
注意事项

╱任务三╱　认知与检修活塞连杆组

活塞连杆组将活塞的往复运动变为曲轴的旋转运动，同时将作用于活塞上的力转变为曲轴对外输出的转矩，以驱动汽车车轮转动。它是发动机的传动件，把燃烧气体产生的压力传给曲轴，使曲轴旋转并输出动力。

知识目标

• 能描述活塞连杆组的组成和作用；

- 能描述活塞的结构；
- 能说明活塞环的作用；
- 能解释活塞环的三隙；
- 能描述连杆的结构；
- 能解释连杆的切口及定位。

技能目标

- 会正确识别各种车型的活塞连杆组；
- 会正确拆装和检修活塞连杆组；
- 具有查阅维修手册的习惯及能看懂维修手册；
- 能规范使用工具、量具和设备,养成安全文明生产的意识。

相关知识

活塞连杆组安装在气缸体内,主要由活塞、活塞环、活塞销、连杆等机件组成,如图 2-3-1 所示。活塞连杆组将活塞的往复运动转变为曲轴的旋转运动,同时将作用于活塞上的力转变为曲轴对外输出的扭矩。

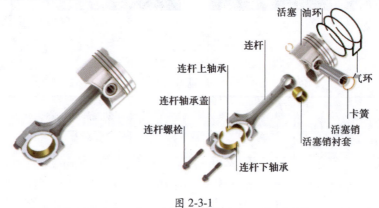

图 2-3-1

图 2-3-2

活塞承受气缸中气体压力,并将此压力转化为动力,通过活塞销传递给连杆

活塞与气缸盖、气缸壁等共同组成一个密闭的可变空间

一、活塞

1. 活塞的作用

活塞顶部与气缸盖、气缸壁共同组成燃烧室;承受气体压力,并将此压力通过活塞销传递给连杆,以推动曲轴旋转,如图 2-3-2 所示。

2. 活塞的工作条件

活塞是在高温、高压、高速、润滑不良和散热困难的条件下工作的。活塞顶部直接与高温燃气接触,燃气的最高温度可达 2 200 ℃以上。因此,活塞的温度也很高,其顶部的温度通常高达 320 ~ 430 ℃;活塞顶部承受的气体压力很大,特别是做功行程,汽油机高达 3 ~

5 MPa,柴油机高达6~9 MPa,将使活塞产生冲击力,并承受侧压力的作用。因此对活塞材料提出了以下要求:

①要有足够的强度、刚度、质量小、重量轻,以保证最小惯性力。

②导热性好,耐高温、高压、腐蚀,有充分的散热能力,受热面积小。

③活塞与活塞壁间应有较小的摩擦系数。

④温度变化时,尺寸、形状变化要小,和汽缸壁间要保持最小的间隙。

⑤热膨胀系数小,比重小,具有较好的减磨性和热强度。

根据这些要求,活塞一般用铝合金压铸。由于大功率柴油发动机的运转速度较低,做功压力大,所以一般选用钢制活塞。

3.活塞的结构

如图2-3-3所示,活塞可分为三部分:活塞顶部、活塞头部和活塞裙部。

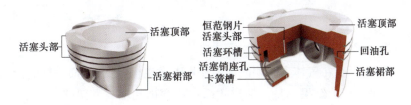

图 2-3-3

(1)活塞顶部

活塞顶部是燃烧室的组成部分,常制成不同的形状。如图2-3-4所示,汽油机活塞顶部多采用平顶或凹顶。有的活塞顶部有装配标记,装配时要指向发动机前端。

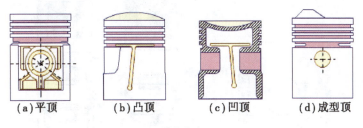

(a)平顶　　(b)凸顶　　(c)凹顶　　(d)成型顶

图 2-3-4

(2)活塞头部

活塞头部是活塞最下边一道活塞环槽以上的部分,主要用来安装活塞环,以实现对气缸的密封,同时将活塞顶部所吸收的热量通过活塞环传给气缸壁。活塞头部上面一般有2~3道槽用来安装气环,最下面一道用来安装油环。油环槽的底部钻有很多径向小孔被称为回油孔,使油环从气缸壁上刮下的多余润滑油经此流回油底壳。

在强化程度较高的发动机中,第一道环槽温度较高,磨损严重。为了增强环槽的耐磨性,通常在第一环槽或第一、二环槽处镶嵌耐热护圈。在高强化直喷式燃烧室柴油机中,在第一环槽和燃烧室喉口处均镶嵌耐热护圈,以保护喉口不会因为过热而开裂,如图2-3-5所示。

（3）活塞裙部

活塞裙部上开有圆孔用来安装活塞销,圆孔上有卡簧槽。活塞裙部用来引导活塞在气缸中作往复运动。裙部的形状应该保证活塞在气缸内得到良好的导向,气缸与活塞之间在任何工况下都应保持均匀的、适宜的间隙。间隙过大,活塞敲缸;间隙过小,活塞可能被气缸卡住。此外,裙部应有足够的实际承压面积,以承受侧向力。

在活塞裙部开"绝热—膨胀"槽,以控制活塞膨胀变形量,如图 2-3-6 所示。其中,横槽称为绝热槽,竖槽称为膨胀槽。"绝热—膨胀"槽一般开在受侧压力较小的裙部一侧。

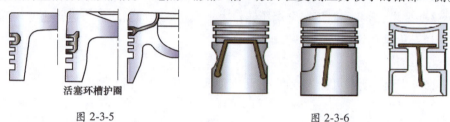

活塞环槽护圈

图 2-3-5

图 2-3-6

4. 活塞形状

发动机工作时,活塞在气体力和侧向力的作用下发生机械变形,而活塞受热膨胀时还发生热变形。这两种变形的结果都是使活塞裙部在活塞销孔轴线方向的尺寸增大,轴向上头部的尺寸变大。因此,为使活塞工作时整个活塞在轴向上成圆柱形,裙部接近正圆形与气缸相适应,在制造时应将活塞轴向制成上小下大,活塞裙部的横断面加工成椭圆形,并使其长轴与活塞销孔轴线垂直。现代汽车发动机的活塞均为椭圆裙,如图 2-3-7 所示。

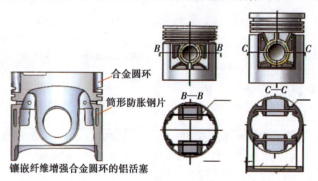

合金圆环
筒形防胀钢片

镶嵌纤维增强合金圆环的铝活塞

图 2-3-7

为了防止活塞受热膨胀过大。在销座处设置恒范钢片与活塞裙相连且恒范钢片的热膨胀系数只有铝合金的 1/10 左右,因此当温度升高时,在恒范钢片的牵制下,裙部在活塞销孔轴线方向的热膨胀量很小。

5. 活塞的常见损伤

活塞的常见损伤主要是指活塞的磨损,特别是活塞环槽的磨损、活塞裙部的磨损和活塞销座孔的磨损等。活塞环槽的磨损较大,以第一道环槽的磨损最为严重,各环槽由上而下逐渐减轻,第一道环槽的磨损是造成活塞报废的主要原因。活塞裙部的磨损较小,活塞裙部虽与气缸壁直接接触,但单位面积的压力较小,润滑条件较好,所以磨损也较轻。活塞销座孔上下方向磨损较大而水平方向磨损较小,工作时活塞受气体压力和往复惯性力的作用,使活塞销座孔产生上下方向较大而水平方向较小的椭圆形磨损。

活塞的异常损坏主要是活塞刮伤、活塞烧顶和活塞脱顶等。活塞刮伤主要是由于活塞与气缸壁的配合间隙过小,使润滑条件变差,以及气缸内壁严重不洁,有较多和较大的机械杂质进入摩擦表面而引起的。活塞顶部烧蚀则是发动机长期在超负荷或爆燃条件下工作的结果。活塞脱顶,即活塞头部与裙部分离,其原因是活塞环的开口间隙过小或活塞环与环槽底无背隙,当发动机连续在高温、高负荷下工作时,活塞环开口间隙被顶死,与缸壁之间发生粘卡,而活塞裙部受到连杆的拖动,使活塞在头部与裙部之间拉断。

6. 活塞的选配

当活塞发生损坏及气缸的磨损超过规定值时,就要对气缸进行修复后重新选配活塞。选配活塞时应注意以下几点:

①气缸的修理尺寸是哪一级,也应选用哪一级修理尺寸的活塞。

②同一台发动机必须选用同一厂牌的活塞,以保证其材料和性能的一致性。

③在选配的成组活塞中,其尺寸差一般为 0.01~0.15 mm,质量差一般为 4~8 g,涂色标记也应相同。

7. 活塞的安装

活塞在结构设计和制造过程中所采取的各种措施均有特定指向,因此,在活塞顶部刻有方向标记,安装活塞时应注意按规定方向安装,绝对不允许装反,如图 2-3-8 所示。活塞安装到气缸体内时应采用活塞安装的专用工具。

二、活塞环

活塞环是中间断开的弹性金属环,它包括气环和油环两种。活塞上部为气环,下部为油环。活塞环装在活塞上时,环的开口相互错开,如图 2-3-9 所示。

图 2-3-8

图 2-3-9

1. 气环的作用

气环用于保证活塞与气缸壁间的密封,防止气缸中的高温、高压燃气大量漏入曲轴箱,同时还将活塞顶部的大部分热量传给气缸壁,起到导热作用,如图 2-3-10 所示。气环依靠弹力与气缸壁进行密封,同时在活塞的上下运行过程中与活塞环槽的上下面紧压形成密封。

2. 气环的截面形状

气环的截面形状很多,最常见的有矩形环、锥面环、扭曲环、梯形环和桶面环,如图 2-3-11 所示。

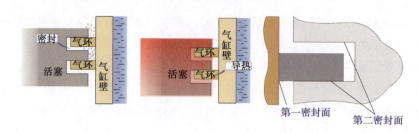

图 2-3-10

矩形环截面为矩形,其结构简单,制造方便,易于生产,应用最广。但是矩形环随活塞往复运动时,会把气缸壁面上的机油不断送入气缸中。这种现象称为"气环的泵油作用",其原理如图 2-3-12 所示。

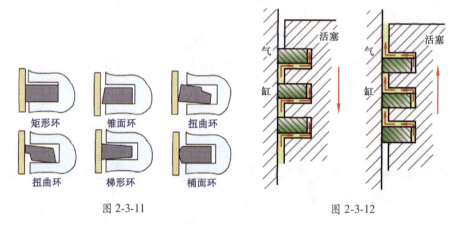

图 2-3-11   图 2-3-12

锥面环截面呈锥形,外圆工作面上加工一个很小的锥面(0.5°~1.5°),这样减小了环与气缸壁的接触面,提高了表面接触压力,有利于磨合和密封。活塞下行时,便于刮油;活塞上行时,由于锥面的"油楔"作用,能在油膜上"飘浮"过去,减小磨损。

扭曲环是将矩形环的内圆上边缘或外圆下边缘切去一部分,使截面呈不对称形状。在环的内圆部分切槽或倒角的称为内切环,在环的外圆部分切槽或倒角的称为外切环。扭曲环装入气缸后,由于其断面不对称,产生不平衡力的作用,会使活塞环发生扭曲变形。活塞上行时,扭曲环在残余油膜上浮起,可以减小摩擦,减小磨损;活塞下行时,则有刮油效果,避免机油烧掉。同时,由于扭曲环在环槽中上下跳动的行程缩短,可以减轻"泵油"的副作用。目前其已被广泛地应用于第二道活塞环槽上。扭曲环在安装时内圆切口应朝上,外圆切口应朝下。

梯形环截面呈梯形,工作时梯形环在压缩行程和做功行程中随着活塞受侧压力的方向不同而不断地改变位置,这样会把沉积在环槽中的积炭挤出去,避免了环被粘在环槽中而被折断,这样可以延长环的使用寿命。但是它的主要缺点是加工困难,精度要求高。

桶面环的外圆为凸圆弧形,是近年来兴起的一种新型结构。当桶面环上下运动时,其均能与气缸壁形成楔形空间,使机油容易进入摩擦面,减小磨损。由于它与气缸呈圆弧接触,故对气缸表面的适应性和对活塞偏摆的适应性均较好,另外也有利于密封,但凸圆弧表面加工较困难。

3. 油环

油环在活塞下行时,刮除气缸壁上多余的机油;在活塞上行时,将机油均匀涂布在气缸壁上。这样既可以防止机油窜入气缸燃烧,又可以减小活塞、活塞环与气缸壁的磨损与摩擦阻力,如图 2-3-13 所示。

4. 活塞环的间隙

活塞环有"三隙",分别为端隙、侧隙、背隙,其如图 2-3-14 所示。

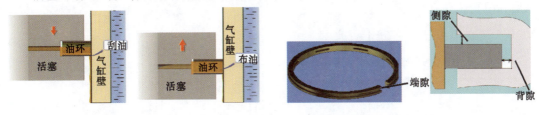

图 2-3-13   图 2-3-14

- 端隙:又称开口间隙,是活塞环装入气缸后开口处的间隙。
- 侧隙:又称边隙,是环高方向上与环槽之间的间隙。
- 背隙:是活塞环装入气缸后,活塞环背面与环槽底部的间隙。

5. 活塞环的常见损伤与维修

(1)活塞环的损伤

活塞环在使用过程中会出现磨损、弹性减弱和折断等现象。活塞环的磨损主要是由于润滑不良造成的;由于受高温燃气的影响,活塞环的弹性逐渐减弱,出现漏气和窜油现象,造成发动机动力性和经济性变坏;在使用过程中若活塞环安装不当或端隙过小,活塞环会卡缸或在活塞的冲击负荷作用下而折断。

(2)活塞环的选配

活塞环是发动机中寿命最短的零件之一,在发动机大修和小修时,活塞环是被当作易损件更换的。选配活塞环时,应以气缸的修理尺寸为依据,同一台发动机应选用与气缸和活塞修理尺寸等级相同的活塞环。

对活塞环的要求:与气缸和活塞的修理尺寸一致,具有规定的弹力以保证气缸的密封性,环的漏光度、端隙、侧隙和背隙应符合原厂设计规定。

对活塞环漏光度的技术要求:在活塞环端口作用 30° 范围内不应有漏光点;在同一根活塞环上的漏光不得多于两处,每处漏光弧长所对应的圆心角不得超过 45°;漏光的缝隙应不大于 0.03 mm。

(3)活塞环的安装

锥面环安装时,不能装反。扭曲环安装时也必须注意断面形状和方向,内切口朝上,外切口朝下。为减少气体的泄漏,活塞环装入气缸时,第一道环的开口位置应避开做功行程受压面,各道环的开口应互相错开。对于有三道环的活塞环,每道环相错 120°;有四道环的活塞环,第一和第二道环相错 180°,第二和第三道环相错 90°,第三和第四道环相错 180°。各道环的环口应避开活塞的长短轴方向,形成迷宫式的漏气路线,增大漏气阻力,减少漏气量。

活塞环安装时,可采用专用工具或徒手安装。

三、活塞销

活塞销一般靠飞溅润滑,活塞销通常用低碳钢或低碳合金钢锻造成空心圆柱体,内孔形状有圆柱形、两段截锥形和两段截锥与一段圆柱的组合型等,其结构如图 2-3-15 所示。活塞销锻造后,经渗碳淬火处理,以提高表面硬度,并保证心部具有一定的冲击韧性,然后再进行精磨和抛光。

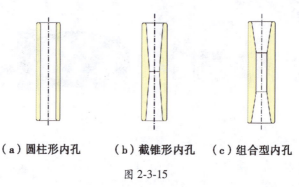

（a）圆柱形内孔　　（b）截锥形内孔　　（c）组合型内孔

图 2-3-15

活塞销的作用是连接活塞和连杆,将活塞承受的气体作用力传给连杆。活塞销有全浮式和半浮式两种装配形式。

四、连杆

1. 连杆的作用与材料

连杆的作用是连接活塞与曲轴。连杆小头通过活塞销与活塞相连,连杆大头与曲轴的连杆轴颈相连,并把活塞承受的气体压力传给曲轴,使活塞的往复运动转变成曲轴的旋转运动。其作用如图 2-3-16 所示。

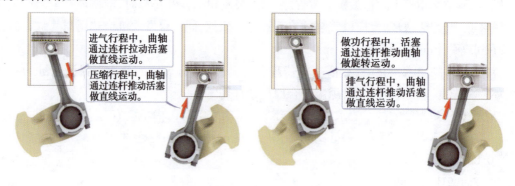

进气行程中,曲轴通过连杆拉动活塞做直线运动。

压缩行程中,曲轴通过连杆推动活塞做直线运动。

做功行程中,活塞通过连杆推动曲轴做旋转运动。

排气行程中,曲轴通过连杆推动活塞做直线运动。

图 2-3-16

连杆一般采用中碳钢或中碳合金钢经模锻而成,个别发动机的连杆采用球墨铸铁制造。为提高连杆的疲劳强度,通常还采用表面喷丸处理。

2. 连杆的结构

连杆分为连杆小头、杆身和连杆大头三部分,由连杆体、连杆盖、连杆螺栓和连杆轴瓦等零件组成,如图 2-3-17 所示。

连杆小头用来安装活塞销,以连接活塞。为润滑活塞销和衬套,在连杆小头和衬套上钻有集油孔或铣出集油槽,用来收集发动机运转时被击溅到上面的机油以便润滑。有的发动机连杆小头采用压力润滑,因此在连杆杆身内钻有纵向的压力油道。

连杆杆身通常做成"工"或"H"形断面,以求在满足强度和刚度要求的前提下减少质量。

连杆大头通过轴承与曲轴的连杆轴颈相连。为便于安装,通常将连杆大头做成剖分式,上半身与杆身一体,下半部即为连杆盖,两者通过螺栓装合,其中有油道通向活塞销。连杆大头按剖分面的方向分为平面平切口和斜切口两种形式,如图 2-3-18 所示。汽油机多采用平切口连杆,其剖分面垂直连杆轴线。斜切口连杆是指连杆大头与连杆盖的切口和连杆轴线呈 45°。其大头的尺寸往往超过气缸直径,采用斜切口的连杆当拆下连杆盖后,仍能通过气缸且方便地进行拆装。

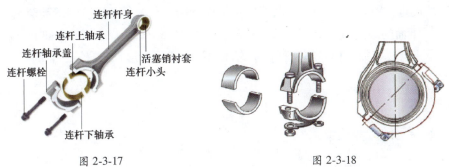

连杆杆身
连杆上轴承
连杆轴承盖
连杆螺栓
活塞销衬套
连杆小头
连杆下轴承

图 2-3-17　　　　　　　　　　　　　　　图 2-3-18

为防止盖的侧向移动,改善连杆螺栓的受力情况,通常在连杆大头与连杆盖之间采用连杆螺栓定位、锯齿形定位、套筒定位、止口定位等,如图 2-3-19 所示。

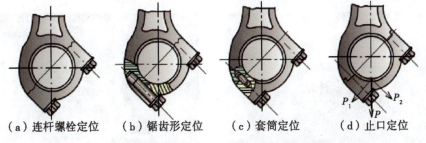

（a）连杆螺栓定位　　（b）锯齿形定位　　（c）套筒定位　　（d）止口定位

图 2-3-19

连杆螺栓承受很大冲击性载荷,一般采用韧性较高的优质合金钢或优质碳素钢锻制或冷镦成形。连杆大头在安装时必须紧固可靠,当其发生损坏时,将给发动机带来极其严重的后果。所以,连杆螺栓必须按工厂规定的力矩,分 2~3 次均匀地拧紧。

3. 连杆轴瓦

连杆轴瓦也称小瓦,其作用是保护连杆轴颈及连杆大头孔,由钢背和减磨层组成。钢背是由 1~3 mm 的低碳钢制成,减磨层为 0.3~0.7 mm 的减磨合金,如图 2-3-20 所示。它具有保持油膜,减少摩擦阻力和易于磨合的功能。轴瓦内有油孔连接曲轴轴颈与连接轴颈的斜

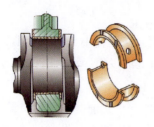

图 2-3-20

油路,保证可靠润滑。连杆轴瓦上突起部分嵌入连杆轴承盖凹槽中,防止轴瓦工作时转动。

选配连杆轴承时,应以曲轴连杆轴颈的修理尺寸为依据,同一台发动机应选用与曲轴连杆轴颈修理尺寸等级相同的连杆轴承。

4. 连杆的常见损伤与维修

连杆的常见损伤主要有连杆小头磨损、连杆弯曲和扭曲变形等。连杆小头磨损视情况修理。连杆小头孔磨损超过极限,应选用新衬套压装入连杆小头内,以恢复其正常配合。新衬套的外径应与小端承孔有 0.10~0.20 mm 的过盈,以防止衬套在工作中转动。过盈量也不可过大,否则在压装时会将衬套压裂。

连杆弯曲和扭曲的检验应在连杆校验仪上进行。在汽车维修技术标准中对连杆的变形作了如下的规定:连杆小端轴线与大端应在同一平面,在该平面上的平行度误差不大于 0.03 mm,该平面的法向平面上的平行度误差不大于 0.06 mm。若连杆的弯曲和扭曲度超过误差值时应进行校正或更换。当连杆发生弯曲和扭曲双重变形,应先校正扭曲再校正弯曲。

任务实施

训练 1 拆卸活塞连杆组

准备工作

科鲁兹发动机(LDE)附翻转架、120 件组合工具一套、指针式扭力扳手、预制式扭力扳手、活塞环拆装钳、橡胶锤、记号笔、橡胶套、活塞环等,如图 2-3-21 所示。

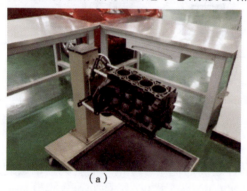
（a）

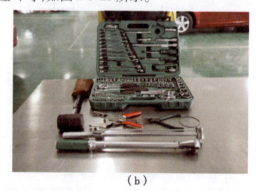
（b）

图 2-3-21

操作要求

①安装曲轴扭转减振器螺栓,如图 2-3-22 所示。

②转动曲轴,沿发动机旋转的方向将第 2、3 缸活塞固定在下止点位置,如图 2-3-23 所示。

图 2-3-22　　　　　　　　　　　　　图 2-3-23

③查看连杆轴承盖侧面标记（若无标记需在连杆轴承盖侧面做好标记），如图 2-3-24 所示。

（a）　　　　　　　　　　　（b）

侧面标记

图 2-3-24

④拆下第 3 缸的连杆轴承盖螺栓，如图 2-3-25 所示。

（a）　　　　　　　　　　　（b）

图 2-3-25

☆ 小提示

拆卸连杆螺栓时应用指针式扭力扳手分 2 次拧松，然后用棘轮扳手拆卸，并取下连杆栓。

⑤拆下第 3 缸的连杆轴承盖和连杆轴承，并组装摆放整齐，如图 2-3-26 所示。

⑥用橡胶锤将第 3 缸活塞从气缸中推出，不能推在轴瓦上，如图 2-3-27 所示。

图 2-3-26　　　　　　　　　　　　　　图 2-3-27

⑦用手扶住连杆大头取下活塞，如图 2-3-28 所示。

⑧根据连杆盖与连杆上的标记，用连杆螺栓将连杆盖与连杆装在一起，摆放整齐，并做好气缸标记，如图 2-3-29 所示。

图 2-3-28　　　　　　　　　　　　　　图 2-3-29

⑨拆下第 3 缸活塞的活塞环。

a. 拆气环。用活塞环拆装钳拆卸第一道活塞环和第二道活塞环，如图 2-3-30 所示。

b. 拆油环。先拆油环上刮片，再拆下刮片，最后拆衬簧，依次摆放整齐并注意朝上标记，如图 2-3-31 所示。

图 2-3-30　　　　　　　　　　　　　　图 2-3-31

⑩分解连杆轴承盖和轴瓦，并摆放整齐，如图2-3-32所示。

⑪用卡环拆装钳拆下活塞销卡环，然后用冲棒对准活塞销，用橡胶锤将活塞销敲出，分解活塞与连杆，并摆放整齐，如图2-3-33所示。

图2-3-32　　　　　　　　　　　　　　　图2-3-33

⑫转动曲轴按前述方法拆下其余缸活塞。第2缸活塞连杆组的拆卸过程如同第3缸；使用指针式扭力扳手沿发动机旋转的方向将曲轴扭转减震器螺栓转动180°，拆卸第1缸和第4缸，拆卸过程如同第3缸，如图2-3-34所示。

质量标准与注意事项

训练2　检测活塞连杆组

准备工作

EN-45059扭矩角度传感器套件、千分尺、塞尺、指针式扭力扳手、预制式扭力扳手、120件组合工具一套、塑料线间隙规、机油壶、记录表等，如图2-3-35所示。

图2-3-34　　　　　　　　　　　　　　　图2-3-35

操作要领

（1）外观检查

目视检查活塞、连杆轴瓦、连杆轴颈、活塞销有无划痕和裂纹，连杆螺栓有无弯曲变形和裂纹，如图2-3-36所示。

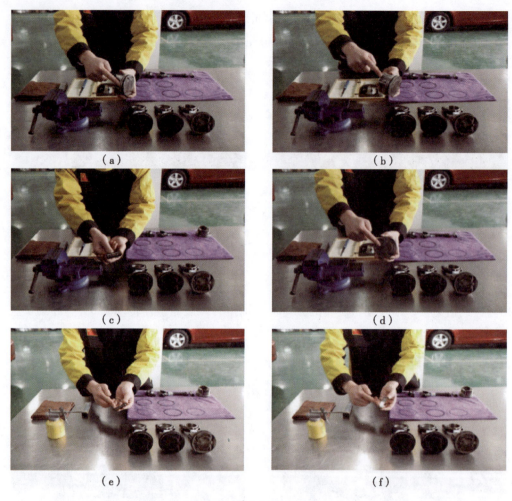

图 2-3-36

（2）检查活塞环的间隙

①测量活塞环端隙。用活塞将活塞环压入到气缸至活塞下止点处,并用塞尺测量端口间隙,如图 2-3-37 所示。

塞尺
活塞环
气缸

（a）　　　　　　　　　　　　　　　（b）

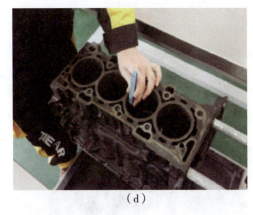

（c）　　　　　　　　　　　（d）

图 2-3-37

②测量活塞环侧隙。将活塞环卡入环槽，用塞尺测量其间隙，如图 2-3-38 所示。

③测量活塞环与环槽的背隙，如图 2-3-39 所示，将活塞环装入环槽中，用拇指将活塞环压入环槽内，若活塞环高出活塞环槽端面，则应更换。

图 2-3-38　　　　　　　　　　　　图 2-3-39

（3）测量活塞直径

用千分尺测量活塞裙部横向、纵向直径，并记录，如图 2-3-40 所示。

（a）　　　　　　　　　　　（b）

图 2-3-40

（4）测量活塞销的直径

将活塞销夹在台虎钳上,用千分尺(0~25 mm)测量活塞销横向、纵向的直径,如图 2-3-41 所示。

（a）　　　　　　　　　　　　　　（b）

图 2-3-41

（5）检查连杆轴承间隙

①测量连杆轴承轴间隙,用手推动连杆大头端,再用塞尺测量连杆大头端与曲柄之间的间隙,如图 2-3-42 所示。

（a）　　　　　　　　　　　　　　（b）

图 2-3-42

②测量连杆轴承径向间隙。

a. 查看连杆轴承盖的安装标记位置,拆下 2 个螺栓,除去连杆轴承盖上的油脂并用发动机机油涂抹连杆轴承,如图 2-3-43 所示。

b. 布置塑料线间隙规。将略小于连杆轴颈宽度的塑料线间隙规(挠性塑料线)放在连杆轴颈上,如图 2-3-44 所示。

c. 安装连杆轴承盖,如图 2-3-45 所示。

d. 使用预制式扭力扳手和带角度仪的指针式扭力扳手分 3 遍拧紧 2 个螺栓。第一遍用预制式扭力扳手紧固至 35 N·m,第二遍用带角度仪的指针式扭力扳手再紧固至 45°,第三遍用带角度仪的指针式扭力扳手再紧固至 15°,如图 2-3-46 所示。

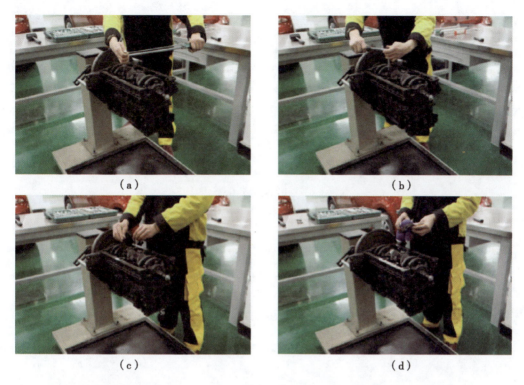

图 2-3-43

图 2-3-44

图 2-3-45

e. 按规定拆下连杆盖和螺栓，并取下连杆盖和螺栓，如图 2-3-47 所示。

f. 测量连杆轴承间隙。将变平的塑料线的宽度与量尺对比，并记录数据，如图 2-3-48 所示。

（a）

（b）

图 2-3-46

（a）

（b）

图 2-3-47

质量标准与
注意事项

知识拓展

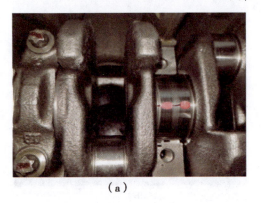
（a）

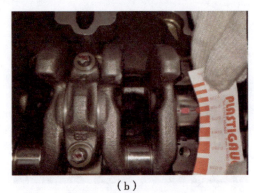
（b）

图 2-3-48

训练 3　装配活塞连杆组

准备工作

　　120 件组合工具一套、EN-45059 角度测量仪、指针式扭力扳手、预制式扳手、活塞环拆装钳、橡胶锤、机油壶、活塞环压缩器、抹布等，如图 2-3-49 所示。

图 2-3-49

操作要领

（1）组装活塞销、活塞和连杆

①给活塞销、活塞销座孔涂抹润滑油，如图 2-3-50 所示。

 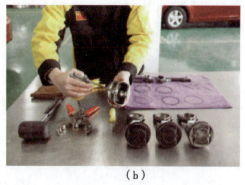

（a）　　　　　　　　　　　　　　（b）

图 2-3-50

②安装活塞销。将活塞销对准活塞上的活塞销座孔，并用手掌慢慢压入，如图 2-3-51 所示。

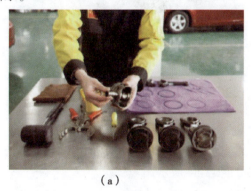 

（a）　　　　　　　　　　　　　　（b）

图 2-3-51

③安装连杆。

a.给连杆小头的销孔内涂抹润滑油，将连杆小头的销孔对准活塞销，用手掌先压入，再用橡胶锤轻轻敲入，如图 2-3-52 所示。

 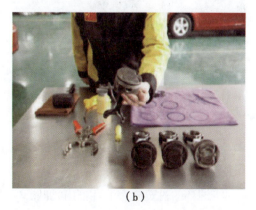

（a）　　　　　　　　　　　　　　（b）

（c）　　　　　　　　　　　　（d）

图 2-3-52

b. 安装活塞销卡簧。将活塞销卡环卡入活塞销座孔卡簧槽内,并用一字型螺丝刀调整卡簧与环槽开口位置,如图 2-3-53 所示。

（a）　　　　　　　　　　　　（b）

图 2-3-53

（2）安装连杆轴瓦

①安装连杆下轴瓦,其凸榫要与止口对齐,如图 2-3-54 所示。

②安装连杆上轴瓦,其凸榫要与止口对齐,如图 2-3-55 所示。

图 2-3-54　　　　　　　　　　　　图 2-3-55

（3）安装活塞环

①安装油环。

a. 将油环的衬簧放入油环槽内,如图 2-3-56 所示。

b.放入下边刮片。安装刮片时,可先将刮片的一头压入活塞油环槽内,然后用拇指将刮片的其余部分压入油环槽,如图 2-3-57 所示。

图 2-3-56

图 2-3-57

c.按与第二步相同的方法安装上刮片,如图 2-3-58 所示。

d.装入刮片后应确认刮片是否可向左右自由转动,同时收紧衬簧,如图 2-3-59 所示。

图 2-3-58

图 2-3-59

②安装气环。

a.用活塞环拆装钳安装第二道气环,并使"TOP"朝上,如图 2-3-60 所示。

b.用活塞环拆装钳安装第一道气环,并使"TOP"朝上,如图 2-3-61 所示。

图 2-3-60

图 2-3-61

③给活塞环涂抹润滑油,如图 2-3-62 所示。

（a）　　　　　　　　　　　　　　　　（b）

图 2-3-62

④设置活塞环开口位置。第一个活塞环(右侧环)在位置 1 中;第二个活塞环(精密环)在位置 2 中;油环刮片的钢环在位置 3 和 4 中,如图 2-3-63 所示。

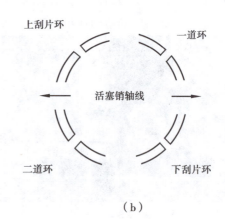

（a）　　　　　　　　　　　　　　　　（b）

图 2-3-63

（4）安装活塞连杆总成

①安装第三缸活塞连杆总成,将曲轴旋转到活塞压缩上止点,如图 2-3-64 所示。

②选用清洁的发动机机油润滑,如图 2-3-65 所示。

图 2-3-64　　　　　　　　　　　　　　图 2-3-65

③润滑气缸内壁和活塞环压缩器，如图 2-3-66 所示。

（a）

（b）

图 2-3-66

④安装活塞环压缩器，以便压缩活塞环，如图 2-3-67 所示。

⑤安装活塞连杆总成。

a. 安装活塞、连杆时应注意活塞的安装记号朝前，如图 2-3-68 所示。检查连杆的安装标记，如图 2-3-69 所示，并整理活塞环压缩器，使其平整，如图 2-3-70 所示。

图 2-3-67

图 2-3-68

图 2-3-69

图 2-3-70

b. 再次收紧活塞环压缩器如图 2-3-71 所示，并用橡胶锤或木槌敲击活塞顶部使其与连杆轴颈结合，如图 2-3-72 所示。

图 2-3-71

图 2-3-72

⑥安装连杆盖。给连杆轴颈涂抹润滑油，安装连杆盖时应将连杆盖和连杆安装在标记的位置内，如图 2-3-73 所示。

（a）

（b）

图 2-3-73

⑦安装新的连杆螺栓（连杆螺栓为一次性使用件）。用预制扭力扳手和指针式扭力扳手分 3 次拧紧，第一次用预制扭力扳手紧固至 35 N·m；第二次用指针式扭力扳手加上 EN-45059 角度测量仪再次紧固 45°；第三次用指针式扭力扳手加上 EN-45059 角度测量仪再次紧固 15°，如图 2-3-74 所示。

⑧转动曲轴一周，用双手大拇指按压活塞是否安装到位，若存在间隙，则应检查，并重新拆装，如图 2-3-75 所示。

⑨第二缸活塞连杆组的安装过程如第三缸；沿发动机旋转的方向将曲轴转动 180°，安装第一缸和第四缸，安装过程如第三缸，如图 2-3-76 所示。

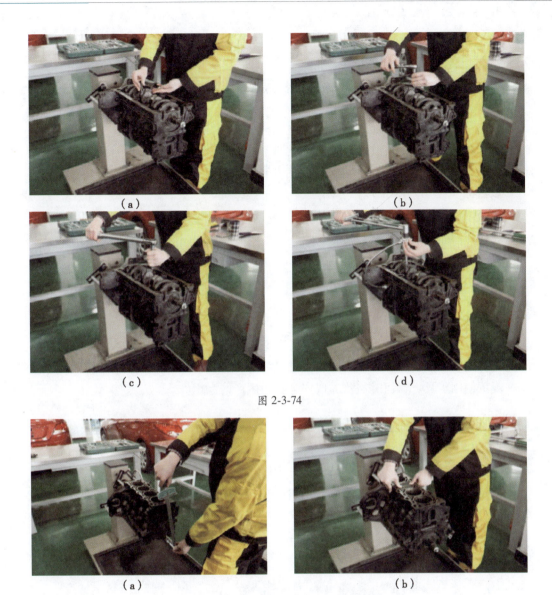

图 2-3-74

图 2-3-75

图 2-3-76

质量标准与
注意事项

/任务四/ 认知与检修曲轴飞轮组

曲轴飞轮组是把活塞的往复运动转变为曲轴的旋转运动,为汽车的行驶和其他需要动力的机构输出扭矩,同时还储存能量,用以克服非做功行程的阻力,使发动机运转平稳。

知识目标

- 能描述曲轴飞轮组的组成和作用;
- 能描述曲轴的结构;
- 能描述飞轮的结构;
- 能说出做功顺序表。

技能目标

- 会正确识别各种车型的曲轴飞轮组;
- 会正确拆装和检修曲轴飞轮;
- 具有查阅维修手册的习惯及能看懂维修手册;
- 规范使用工具、量具和设备,养成安全文明生产的意识。

相关知识

一、曲轴飞轮组

汽车发动机的曲轴飞轮组是构成发动机的重要部件,能将发动机产生的动力传递给变速箱进而传递给车轮保证车辆正常行驶。它包括飞轮、曲轴、扭转减震器、正时齿轮及带轮等,如图 2-4-1 所示。

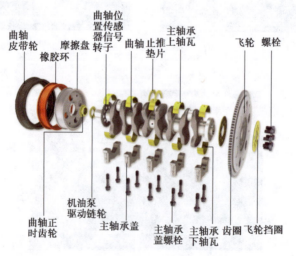

图 2-4-1

二、曲轴

1. 曲轴的作用、工作条件和材料

曲轴是把活塞连杆组传来的气体压力转变为转矩并对外输出,同时,驱动配气机构和其他辅助装置,如风扇、水泵、发电机等。曲轴工作时,承受气体压力、惯性力、惯性力矩及交变载荷的冲击。因此要求曲轴具有足够的刚度和强度,以及良好的承受冲击载荷的能力,耐磨损且润滑良好。曲轴一般用优质中碳钢或中合金碳钢模锻而成。为提高耐磨性和耐磨疲劳强度,轴颈表面经高频淬火或氮化处理。

2. 曲轴的构造

曲轴包括前端轴、主轴颈、连杆轴颈、曲柄、平衡重、后端轴等,如图 2-4-2 所示。

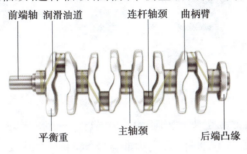

图 2-4-2

● 前端轴:阶梯式的轴段,在其上面装有正时齿轮或正时齿形带轮、皮带轮、甩油盘、扭转减振器以及起动爪等,分别用来驱动配气机构、水泵、发电机等发动机的附件。为了防止机油沿曲轴轴颈外漏,在曲轴前端装有一个甩油盘,在齿轮室盖上装有油封,其结构如图 2-4-3 所示。

● 主轴颈:曲轴的支承部分。主轴颈通过轴承座安装在气缸体上,轴承座是通过螺栓与气缸体相连接,其结构如图 2-4-4 所示。

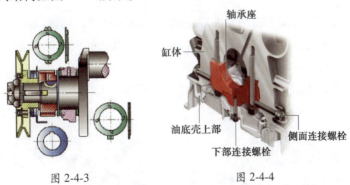

图 2-4-3   图 2-4-4

● 曲柄:用来连接连杆轴颈和主轴颈,其内部设有润滑油道,其结构如图 2-4-5 所示。一个连杆轴颈和其两端的曲柄及主轴颈构成一个曲拐。

● 平衡重:平衡离心惯性力和力矩,减小轴承载荷,减轻或消除弯曲变形,使发动机运转平稳。

● 连杆轴颈:也称为曲柄销,用来连接连杆大头孔。直列式发动机的连杆轴颈数量与气缸数相等;V 形发动机,其连杆轴颈数量是气缸数的一半。为了减小旋转惯性力,连杆轴颈一般做成空心的,其内部通过曲柄与主轴颈连通构成油道。连杆轴颈及采用轴瓦支承的主轴颈均采用压力润滑。

● 后端凸缘:用来安装飞轮,后端轴都设有防漏装置,一般为油封,其结构如图 2-4-6 所示。通常后端轴上加工有回油螺纹,回油螺纹的旋向和曲轴转向相反,从而起到封油作用。

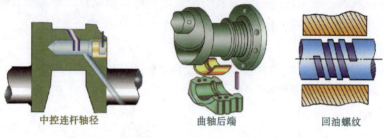

中控连杆轴径

图 2-4-5

曲轴后端　　　　　回油螺纹

图 2-4-6

3. 曲轴的分类

按照曲轴的主轴颈数分为全支承和非全支承两种。在相邻的两个曲拐之间,都设置一个主轴颈的曲轴,被称为全支承曲轴,否则为非全支承曲轴,如图 2-4-7 所示。全支承曲轴的主轴颈数比气缸数目多一个,非全支承曲轴的主轴颈数比气缸数目少或与气缸数目相等。

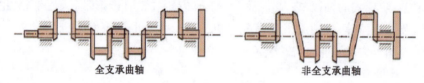

全支承曲轴　　　　　　　　非全支承曲轴

图 2-4-7

4. 单元曲拐

一个连杆轴颈和它两端的曲柄及两端主轴颈构成一个单元曲拐,如图 2-4-8 所示。曲轴的曲拐数取决于气缸的数目和排列方式。V 形发动机曲轴的曲拐数等于气缸数的一半;直列式发动机曲轴的曲拐数等于气缸数。

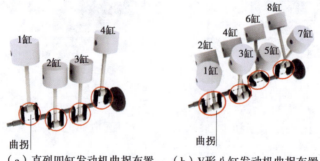

（a）直列四缸发动机曲拐布置　　（b）V形八缸发动机曲拐布置

图 2-4-8

三、曲拐

1. 曲拐的布置

曲拐的布置除了与气缸数、气缸排列方式有关外,还与发动机工作顺序有关。多缸发动机气缸数 i,则发动机做功间隔角为 $720°/i$。

曲拐布置的一般规律:

①各缸的做功间隔要尽量均衡,以使发动机运转平稳。

②连续做功的两缸相隔尽量远些,最好是在发动机的前半部和后半部交替进行。

③V 形发动机左右气缸尽量交替做功。

④曲拐布置尽可能对称、均匀以使发动机工作平衡性好。

2. 常见的几种多缸发动机曲拐的布置

(1)直列四缸四冲程发动机曲拐布置

曲拐对称布置在同一平面内,如图 2-4-9 所示。做功间隔角为 $720°/4 = 180°$,发动机工作顺序为 1-3-4-2 和 1-2-4-3 两种。

四缸机曲拐布置

图 2-4-9

(2)直列六缸四冲程发动机曲拐布置

曲拐均匀布置在互成 120° 的 3 个平面,如图 2-4-10 所示。做功间隔角为 $720°/6 = 120°$,各缸发动机工作顺序为 1-5-3-6-2-4 和 1-4-2-6-3-5,以第一种应用较为广泛。

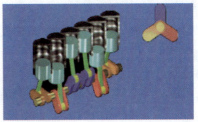

图 2-4-10

四、曲轴主轴承

曲轴主轴承(俗称大瓦)的结构与小瓦类似,如图 2-4-11 所示,装于主轴承座孔和曲轴

图 2-4-11

轴承盖中。其作用是将曲轴支承在发动机的机体上，与连杆轴承相同。主轴承上都开有周向油槽和通油孔。轴承瓦开有凹槽，有一个定位槽（A）。主轴承总共有几种厚度可以选择，通过一个有色的标志（B）识别。所有主轴承的着色标记应一致。轴承的尺寸应与曲轴相一致，曲轴每一级的修理尺寸为 0.25 mm，所以轴承的尺寸应与曲轴相对应。

☆ 小提示

主轴瓦上、下片不能互换，否则主轴承油通道将被堵塞。

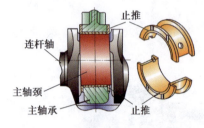

图 2-4-12

五、曲轴轴向定位

曲轴轴向窜动将破坏曲柄连杆机构各零件的正确相对位置，曲轴必须有轴向定位，以保证曲柄连杆机构的正常工作，但也应允许曲轴受热后能自由膨胀，其结构如图 2-4-12 所示。轴向定位的方式有止推环定位、止推片定位或翻边轴瓦定位 3 种，且只能设立一处定位方式如图 2-4-13 所示。止推片或止推环的油槽必须朝向曲柄。

翻边轴瓦

止推片

止推环

图 2-4-13

六、曲轴的常见操作与维修

曲轴常见的损伤形式有轴颈磨损、弯曲变形，严重时会出现裂纹，甚至断裂。

1. 曲轴裂纹

曲轴裂纹一般发生在轴颈两端过渡圆角处或油孔处，是由应力集中引起的。曲轴裂纹可用磁力探伤仪或染色渗透剂进行检验，若曲轴检验出裂纹，一般应报废更换。

2. 曲轴变形

曲轴的变形主要有弯曲和扭曲。曲轴弯曲变形可以通过测量曲轴直线度来检查，一般应不超过 0.04~0.06 mm。若大于许用值，则应进行压力校正。低于此限，可结合磨削主轴颈予以修正。

曲轴扭曲变形的检验是将连杆轴颈转到水平位置上，用百分表分别确定同一方位上两个轴颈的高度差,这个高度差即为扭曲变形量。曲轴扭曲变形后,将影响发动机的配气正时和点火正时。

3. 曲轴磨损

曲轴主轴颈和连杆轴颈的磨损是不均匀的,且磨损部位有一定的规律性。主轴颈和连杆轴颈最大磨损部位相互对应,即各主轴颈的最大磨损靠近连杆轴颈一侧,而连杆轴颈的磨损部位在主轴颈一侧,且连杆轴颈的磨损比主轴颈严重。曲轴轴颈沿轴向还有锥形磨损。曲轴轴颈的磨损可用外径千分尺测量其直径来确定圆度和圆柱度。若其圆度、圆柱度误差超过 0.25 mm 时,应按修理尺寸法进行磨削,轴颈直径达到其使用极限时应更换曲轴。

> ☆ 小提示
>
> 曲轴磨削应注意以下几点:
>
> ①曲轴主轴颈和连杆轴颈的修理尺寸,一般为 4~6 级,级差为 0.25 mm。在保证磨削质量的前提下,应尽可能选择最接近的修理级别,以延长曲轴的使用寿命。
>
> ②曲轴的主轴颈和连杆轴颈,应分别磨削成同一级别的修理尺寸,以便于选配轴承,保证合理的配合间隙。
>
> ③连杆轴颈应以磨削后的主轴颈为基准,采用同心法磨削。
>
> ④磨削曲轴时,必须保证主轴颈和连杆轴颈各轴心线的同轴度,以及两轴心线间的平行度,限制曲柄半径误差,并保证连杆轴颈相互位置夹角的精度。

4. 曲轴轴向间隙

检查曲轴的轴向间隙时,可将百分表指针抵触在飞轮或曲轴的其他断面上,用撬棒前后撬动曲轴,百分表指针的最大摆差即为曲轴轴向间隙。也可用塞尺插入止推垫片与曲轴的承推面之间,测量曲轴的轴向间隙。曲轴轴向间隙一般为 0.07~0.21 mm,使用极限为 0.30 mm。轴向间隙的调整是通过更换不同厚度的止推垫片进行的。

七、曲轴扭转减震器

曲轴扭转减振器用来吸收曲轴扭转振动的能量,消减曲轴转动时产生的扭转振动从而使曲轴转动平稳,可靠工作。因连杆作用于曲轴上的力是呈周期性变化的,造成曲轴的扭转振动。扭转减震器有橡胶式(车用)、硅油式、摩擦片式 3 种,其原理如图 2-4-14 所示。汽车发动机常用的曲轴扭转减振器为橡胶式扭转减振器,其结构如图 2-4-15 所示。其原理是当曲轴

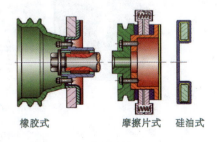

橡胶式　　摩擦片式　硅油式

图 2-4-14

发生扭转振动时,力图保持等速转动的惯性盘便与橡胶层发生了内摩擦,从而消耗了扭转振动的能量,消减了扭振。

皮带轮　摩擦盘　橡胶环　曲轴皮带轮轮毂　摩擦盘　曲轴皮带轮轮毂　曲轴皮带轮　橡胶环

图 2-4-15

八、飞轮

1. 飞轮的功用

飞轮是一个用螺栓紧固在曲轴后端凸缘上的质量较大的铸铁圆盘,其作用是储存做功行程的一部分动能,以克服其他行程中的阻力,使曲轴均匀旋转,使发动机具有克服短时超载的能力。

2. 飞轮的构造

飞轮是一个中间薄边缘厚的圆盘,其外圆上有飞轮起动齿圈和信号盘,其结构如图 2-4-16 所示。

●启动齿圈:用以启动发动用的飞轮齿圈。

●信号齿圈:有些发动机飞轮上装有一齿圈,用以产生上止点信号和转速信号的脉冲信号轮,但是有些飞轮上没有,而是单独做一个曲轴信号轮装在曲轴箱里面。

3. 双质量飞轮

如图 2-4-17 所示,双质量飞轮可以平衡在发动机中产生的振动,使发动机工作更加平稳。发动机周期性的工作过程会产生巨大的振动和噪声,同时,发动机的振动还会传递到汽车的驱动系统,引起变速器和车架等其他部件产生振动和噪声,而双质量飞轮的应用可以衰减这些振动以及随之而产生的噪声。

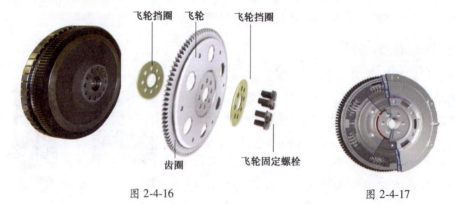

飞轮挡圈　飞轮　飞轮挡圈

齿圈　飞轮固定螺栓

图 2-4-16　　　　　　　　　　　图 2-4-17

任务实施

训练 1 拆卸曲轴

准备工作

科鲁兹(LDE)发动机附翻转架、120 件组合工具一套、指针式扭力扳手、EN-652 飞轮固定工具、橡胶锤等,如图 2-4-18 所示。

（a）

（b）

图 2-4-18

操作要领

①安装 EN-652 固定工具到飞轮上,如图 2-4-19 所示。

②使用指针式扭力扳手按对角分 3 次拧松飞轮螺栓,取下 EN-652 飞轮固定工具,用快速扳手拧下飞轮螺栓,最后用橡胶锤轻轻松动飞轮边缘,并取下飞轮,如图 2-4-20 所示。

③拧上曲轴扭转减震器螺栓,然后选择合适的套筒,用指针式扭力扳手转动曲轴 2 圈检查其运转状况是否正常,如图 2-4-21 所示。

图 2-4-19

④检查曲轴主轴承盖安装有无标记,若无标记拆卸前应用记号笔做好相应标记并将其拆下,如图 2-4-22 所示。

⑤用指针式扭力扳手分 2 次按规定顺序成对交替释放曲轴轴承盖固定螺栓力矩,接着用快速扳手按规定顺序成对交替拧松主轴承盖螺栓,如图 2-4-23 所示。

⑥按规定依次取出各道主轴承盖及螺栓,如图 2-4-24 所示。

⑦水平向上从发动机缸体上抬出曲轴,如图 2-4-25 所示。

⑧将拆卸下来的曲轴放置在飞轮上并按顺序将各部件摆放整齐,如图 2-4-26 所示。

（a）

（b）

图 2-4-20

图 2-4-21

图 2-4-22

图 2-4-23

图 2-4-24

图 2-4-25

图 2-4-26

质量标准与
注意事项

训练 2　检测曲轴

准备工作

磁性表座及百分表、120 件组合工具一套、撬棍(平口起子)、预制式扭力扳手、塑料间隙规、外径千分尺(20~50 mm、50~75 mm)、台虎钳、铜棒、指针式扭力扳手、橡胶锤、抹布、EN-45058 仪表等,如图 2-4-27 所示。

图 2-4-27

操作要领

(1)外观检查

①检查曲轴各轴承盖的定位槽有无变形、外观有无裂缝、内表面有无划痕等,各轴瓦外观有无裂缝、内外表面有无划痕、定位唇有无变形、油孔有无变形等,各个轴承盖固定螺栓外观是否变形、有无螺纹损坏或螺纹头部损坏等,如图 2-4-28 所示。

|(a)|(b)|(c)|

图 2-4-28

②检查曲轴外观是否变形、主轴颈有无压痕,油孔及螺栓孔有无变形、堵塞等,如图 2-4-29 所示。

|(a)|(b)|

（c）

（d）

图 2-4-29

③检查缸体的定位槽有无变形，气缸体外观有无裂纹，各曲轴轴承盖固定螺栓孔有无滑牙，油孔是否有堵塞等，如图 2-4-30 所示。

（a）

（b）

图 2-4-30

图 2-4-31

（2）检查曲轴的轴向间隙

①将曲轴各轴瓦安装至曲轴轴承盖，按照规定的顺序使用预制式扭力扳手分 3~4 次拧紧曲轴各轴承盖至规定值 50 N·m（如科鲁兹 LDE 发动机），如图 2-4-31 所示。

②在气缸体前端面装上磁性表座及百分表（使百分表测量杆平行于曲轴轴线），并使触头垂直顶在曲轴端面检测轴向间隙，如图 2-4-32 所示。

③使用平口起子纵向移动曲轴，读取百分表大指针摆动数值，即为曲轴轴向间隙，并记录数据，如图 2-4-33 所示。

允许的曲轴轴向间隙：0.092~0.24 mm（如科鲁兹 LDE 发动机）。

（a）　　　　　　　　　　（b）

图 2-4-32

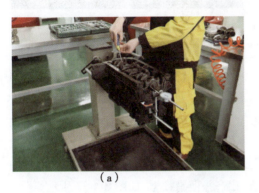

（a）　　　　　　　　　　（b）

图 2-4-33

（3）检查曲轴的不圆度

拆下曲轴主轴承盖，将磁性表座安装在发动机气缸体上，将百分表的测头垂直于被测表面，按图 2-4-34 所示位置检测曲轴的不圆度，使用指针式扭力扳手平稳地转动曲轴至少一圈，读取曲轴不圆度的测量值，并记录数据。

（a）　　　　　　　（b）　　　　　　　（c）

图 2-4-34

最大允许的旋转间隙：0.03 mm（如科鲁兹 LDE 发动机）。

（4）检查曲轴径向间隙（用塑料线间隙规）

①截取略小于曲轴主轴颈宽度的塑料间隙规，并将其沿轴向水平放置在被测圆周表面的最高处，如图 2-4-35 所示。

（a）　　　　　　　　　　　　　　　（b）

图 2-4-35

②按正确要求将装有曲轴轴瓦的曲轴轴承盖安装至气缸体上并按规范使用预制式扭力扳手拧紧至规定值，如图 2-4-36 所示。

③拆下曲轴轴承盖，将变平的塑料线的宽度与量尺对比，宽度最接近的尺寸即为曲轴轴承间隙，并记录数据，如图 2-4-37 所示。

图 2-4-36

允许的曲轴轴承间隙：0.005～0.05 mm（如科鲁兹 LDE 发动机）。

（5）曲轴主轴颈的直径测量

使用外径千分尺测量曲轴主轴颈直径，按图 2-4-38 所示位置测量，测量到数值后需将外径千分尺锁止，并将其从测量部位取下，水平目测读取刻度数并记录。

图 2-4-37　　　　　　　　　　　　　　图 2-4-38

曲轴主轴承轴颈直径:54.980~54.997 mm(如科鲁兹 LDE 发动机)。

（6）飞轮的检测

①检查飞轮表面有无裂纹、沟槽;飞轮齿圈有无磨损及轮齿有无折断等,如图 2-4-39 所示。

（a）　　　　　　　　　（b）　　　　　　　　　（c）

图 2-4-39

②飞轮与曲轴装配好后,将磁性表座固定在缸体上,将百分表的测头垂直于飞轮被测端面,用指针式扭力扳手平稳地转动飞轮至少一圈,读取飞轮工作面的平面度,并记录数据,如图 2-4-40 所示。

（a）　　　　　　　　　　　　　　　　（b）

图 2-4-40

质量标准与
注意事项

飞轮工作面的平面度应小于 0.15 mm(如科鲁兹 LDE 发动机)。

训练 3　装配曲轴

准备工作

120 件组合工具一套、指针式扭力扳手、预制式扭力扳手、EN-45059 仪表、EN-652 飞轮

图 2-4-41

固定工具、铜棒、橡胶锤、抹布、吹尘枪、机油壶、防护眼罩等,如图 2-4-41 所示。

操作要领

(1)安装上轴瓦和曲轴

将涂抹机油的各道主轴瓦依次安装到气缸体上,接着将曲轴水平放置至气缸体上,如图 2-4-42 所示。

(2)安装曲轴主轴承盖

①将装配好轴瓦的各道轴承盖及螺栓安装至气缸体上,并使用预制式扳手拧紧各轴承盖螺栓至规定力矩,第一遍紧固至 50 N·m,第二遍紧固至 45°,第三遍紧固至 15°(如科鲁兹 LDE 发动机),如图 2-4-43 所示。

(a)

(b)

（c）

图 2-4-42

（a）

（b）

（c）

（d）

图 2-4-43

②接着使用指针式扭力扳手转动曲轴检查其运转情况是否异常,否则应重新安装,如图 2-4-44 所示。

（3）安装飞轮

①用手将飞轮螺栓旋入螺栓孔中,使用快速扳手初步拧紧,如图 2-4-45 所示。

②安装 EN-652 飞轮固定工具,如图 2-4-46 所示。

图 2-4-44

③严格按照维修手册的要求,使用预制式扭力扳手按对角顺序分 2~3 次拧紧飞轮螺栓到规定值 60 N·m,并使用 EN-45059 仪表分两遍紧固螺栓,第一遍紧固至 45°,第二遍紧固至 15°（如科鲁兹 LDE 发动机）,如图 2-4-47 所示。

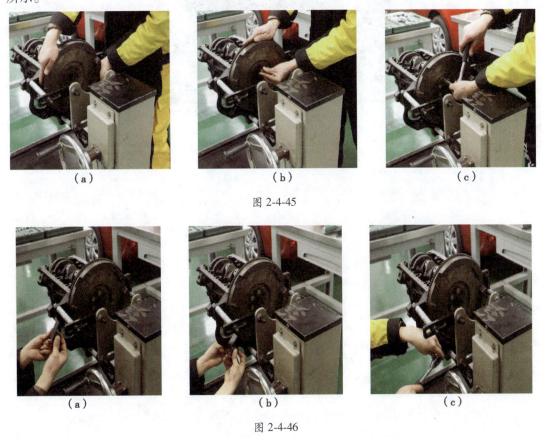

（a）　　　　　（b）　　　　　（c）

图 2-4-45

（a）　　　　　（b）　　　　　（c）

图 2-4-46

④最后拆卸取下 EN-652 飞轮固定工具并复位发动机,如图 2-4-48 所示。

（a）

（b）

图 2-4-47

质量标准与
注意事项

图 2-4-48

项目三 | 认知与检修配气机构

发动机配气机构的作用是按照发动机每一气缸内所进行的工作循环和点火顺序的要求，定时开启和关闭各气缸的进、排气门，使新鲜充量得以及时进入气缸，废气得以及时从气缸排出；在压缩与做功行程中，保证燃烧室的密封。新鲜充量对于汽油机而言是汽油和空气的混合气，对于柴油机而言则是纯空气。

/ 任务一 /　认知配气机构

配气机构的工作性能好坏，对发动机有非常重要的影响。要求配气机构的气门要关闭严密，开闭及时，开度足够。如果气门关闭不严，在压缩行程会漏气，造成气缸压力不足和燃气质量的损失；在做功行程泄压，使燃气压力降低。如果气门开闭不及时或开度不够，则会使进气不充分，排气不彻底。上述情况都会严重影响发动机的功率，甚至使发动机不能启动。

知识目标
- 能描述配气机构的作用和组成；
- 掌握识别配气机构的布置形式及驱动方式；
- 掌握配气机构的工作原理。

任务实施

一、配气机构的作用

按照发动机工作顺序和点火次序的要求，定时开启和关闭发动机各缸的进、排气门，使新鲜可燃混合气（汽油发动机）或纯空气（柴油发动机）及时进入气缸，废气得以及时从气缸内排除，如图 3-1-1 所示。

二、配气机构的组成

发动机配气机构由气门组、气门传动组组成，如图 3-1-2 所示。

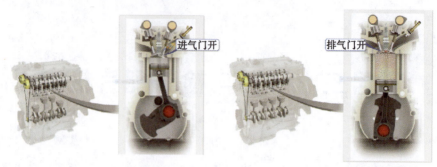

图 3-1-1

● 气门组:用来封闭进、排气道,主要的零件有气门、气门弹簧座、气门弹簧、气门油封、气门锁片等,如图 3-1-3 所示。

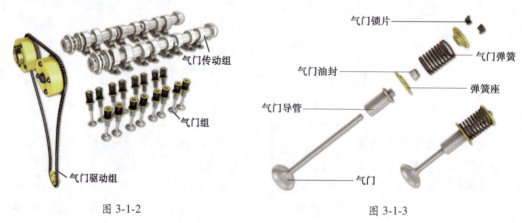

图 3-1-2

图 3-1-3

● 气门传动组:使进、排气门定时开启和关闭,且保证有足够的开度,主要的零件有凸轮轴、正时链轮和链条(正时带轮和正时带)、挺柱(挺杆、推杆、摇臂、摇臂轴)等,其中部分零件如图 3-1-4 所示。

图 3-1-4

三、配气机构的分类

1. 按气门布置形式分类

按气门布置形式可分为气门顶置式和气门侧置式,如图 3-1-5 所示。目前,气门顶置式应用广泛,气门侧置式基本被淘汰。

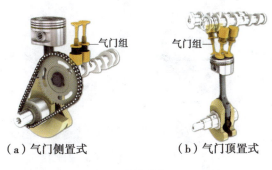

（a）气门侧置式　　　　　（b）气门顶置式

图 3-1-5

2. 按凸轮轴布置形式分类

按凸轮轴布置形式可分为凸轮轴下置式、凸轮轴中置、凸轮轴上置式，如图 3-1-6 所示。

• 凸轮轴上置式：配气机构的凸轮轴安装在气缸盖上，采用正时齿形皮带或链条传动，这种布置形式的发动机多用于轿车的高速强化发动机。它一般有两种形式：一种是单顶置凸轮轴式（SOHC），如图 3-1-7 所示；另一种是双顶置凸轮轴式（DOHC），如图 3-1-8 所示。现代汽车多数采用 DOHC 形式。

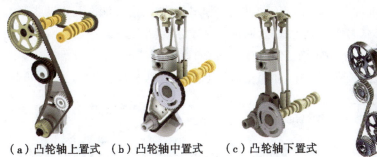

（a）凸轮轴上置式　　（b）凸轮轴中置式　　（c）凸轮轴下置式

图 3-1-6　　　　　　　　　　　　　图 3-1-7

• 凸轮轴中置式：当发动机转速较高时，为了减小气门传动机构的往复运动质量，将凸轮轴置于机体上部，一般要在两正时齿轮之间加入一个中间齿轮（通常也称之为惰轮）进行带动或者通过链条带动，这种布置形式称之为中置凸轮轴式。

• 凸轮轴下置式：将凸轮轴布置在曲轴箱内，由一对正时齿轮将曲轴的动力传递给凸轮轴，如图 3-1-6 所示。这种布置形式的配气机构多用于大、中型客车发动机和载货汽车。

3. 按每个气缸的气门数量分类

现在汽车为了在短的时间内吸进或排出更多的气体就要增大进、排气的有效面积，于是有的发动机便采用了多气门技术。配气机构按每气缸气门数目分可以分为二气门、三气门、四气门和五气门，如图 3-1-9 所示。

4. 按曲轴与凸轮轴的传动方式分类

凸轮轴通常由曲轴驱动，传动比为 2：1。如图 3-1-10 所示，根据凸轮轴布置的位置来确定曲轴正时齿轮与凸轮轴正时齿轮的传动方式，配气机构可以分为齿轮传动式、链条传动式以及齿形皮带传动式。

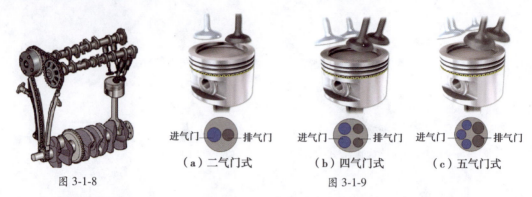

图 3-1-8

进气门 ——— 排气门
（a）二气门式

进气门 ——— 排气门
（b）四气门式

进气门 ——— 排气门
（c）五气门式

图 3-1-9

● 齿轮传动：曲轴通过曲轴正时齿轮驱动凸轮轴，常可用于凸轮轴中置、下置式的配气机构。凸轮轴下置式配气机构采用一对齿轮传动，而凸轮轴中置式则在配气机构中加装一个惰轮。为使传动啮合平稳、减小噪声和磨损，配对正时齿轮多用圆柱斜齿并用不同材料制成。为保证配气正时，齿轮上都有正时记号，装配时必须使记号对齐。

● 链条传动：曲轴通过链条来驱动凸轮轴，链条与链轮的传动常用于凸轮轴上置、中置式的配气机构。常用的链条有滚子链和齿形链两种，各配以相应的链轮。在链轮和链条上制有正时记号，以保证配气正时。链传动可靠性和耐久性好，需要润滑和定期张紧。为使工作时链条具有一定的张力而不至于脱链，通常装有导链板、张紧装置等。

● 齿形皮带传动：用于凸轮轴上置式配气机构，齿形皮带用氯丁橡胶制成，中间夹有玻璃纤维尼龙织物。优点是噪声更小，质量更轻，包角更大，啮合量更大，工作更可靠，不需润滑，松紧度更便于调整，成本低。

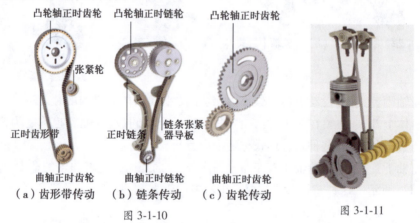

凸轮轴正时齿轮　　凸轮轴正时链轮　　凸轮轴正时齿轮

张紧轮

链条张紧
器导板

正时齿形带　　　正时链条

曲轴正时齿轮　　曲轴正时链轮　　曲轴正时齿轮

（a）齿形带传动　　（b）链条传动　　（c）齿轮传动

图 3-1-10

图 3-1-11

四、配气机构的工作原理

凸轮轴通过正时齿轮由曲轴驱动，如图 3-1-11 所示。四冲程发动机完成一个工作循环曲轴转两圈（720°），各缸进、排气门各开启一次，凸轮轴只需转一圈，因此曲轴转速与凸轮轴转速之比为 2∶1。

当凸轮（下置式）凸起部分与挺柱接触时，将挺柱顶起，挺柱通过推杆、调整螺钉使摇臂绕摇臂轴顺时针摆动，摇臂的长臂端向下推动气门，压缩气门弹簧，将气门头部推离气门座而打开。当凸轮凸起部分的顶点转过挺柱后,便逐渐较少了对挺柱的推力,气门在其弹簧张力的作用下,开度逐渐减少,直至最后关闭,使气缸密封。

从上述工作过程可以看出,气门的开启是通过气门传动组的作用完成的,而气门的关闭则是由气门弹簧来完成的。气门的开闭时刻与规律完全取决于凸轮的轮廓曲线形状。每次气门打开时,压缩弹簧,为气门关闭积蓄能量。

/任务二/　认知与检修气门组

在车辆使用过程中,配气机构及各零件的磨损、疲劳及变形将会造成气门关闭不严,配气机构异响及配气相位失效等故障,使发动机的充气系数降低,动力性及经济性下降。为了使发动机能够良好地工作,必须对配气机构各机件进行及时检测与维修。

知识目标
- 能描述气门组的作用及组成;
- 能描述气门各零部件的结构和作用;
- 能阐述配气相位的工作过程;
- 能描述气门组的损伤形式。

技能目标
- 会拆装气门组;
- 会检测气门组零部件;
- 会选用及使用拆装、测量工具。

相关知识

一、气门组的作用

在配气机构中,气门组能根据发动机的要求准时地接通和断开进排气系统与气缸之间的通道,实现气缸的密封。

二、气门组的组成

气门组一般由气门、气门弹簧、气门弹簧座、气门锁片、气门油封、气门导管等组成,如图3-2-1所示。

1. 气门

(1)气门的类型和作用

气门有进气门和排气门两种,如图3-2-2所示。一个气缸至少应有一个进气门和一个排气门。

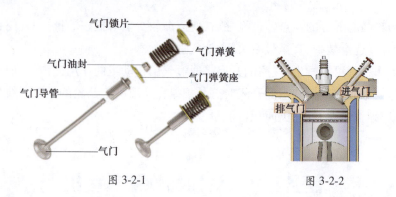

图 3-2-1　　　　　　　　　　图 3-2-2

气门是用来控制进、排气门的打开和关闭的,同时可以密封进、排气通道,其作用如图 3-2-3 所示。

(2)气门的工作条件及材料

气门头直接与高温燃气接触,工作条件十分恶劣,其工作温度很高,如图 3-2-4 所示。一般排气门工作温度可达 600~800 ℃;进气门工作温度可达 300~400 ℃,气门头部承受气缸高温气体的压力、气门弹簧力、传动组零件的惯性力及关闭时落座的冲击力;气门的冷却和润滑条件很差,而且易受腐蚀。由于气门的工作条件差,所以要求气门要有足够的强度、刚度、耐热、耐磨和耐腐蚀性。进气门的材料一般采用中碳合金钢,排气门由于热负荷大,一般多采用耐热合金钢。

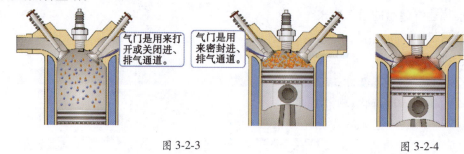

气门是用来打开或关闭进、排气通道。

气门是用来密封进、排气通道。

图 3-2-3　　　　　　　　　　　　　　　　　　图 3-2-4

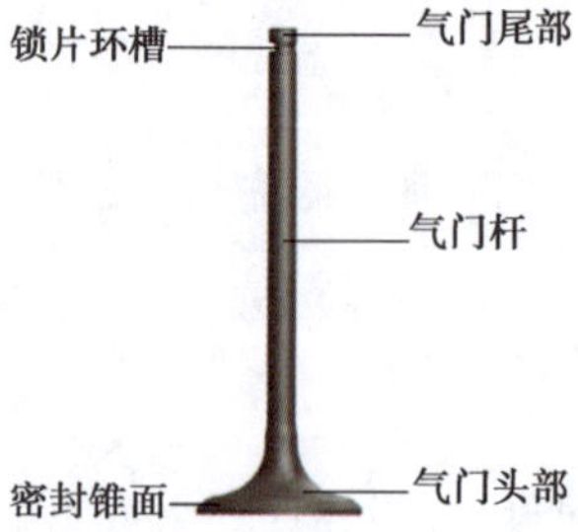

(3)气门的构造

气门由头部和杆部两部分组成,如图 3-2-5 所示。头部用来封闭气缸的进、排气通道,杆部主要为气门的运动导向。

锁片环槽　　　气门尾部

气门杆

密封锥面　　　气门头部

图 3-2-5

●气门头部:形状一般有平顶型、凹面型和球面型等,如图 3-2-6 所示。平顶型制造方便,吸热面积小,进、排气门都可采用,使用最多;凹面型头部与杆部的过渡部分为流线型,可减少进气阻力,适用于进气门;球面型强度高,排气阻力小,废气的清除效果好,适用于排气门。

●气门杆:与气门导管相互配合。气门杆为圆柱形,气门开、闭过程中,气门杆在气门导管中上、下往复运动,因此,要求气门杆与气门导管有一定的配合精度和耐磨性。如图 3-2-7 所示,气门杆表面须经过热处理和磨光。

（a）平顶型　　（b）凹面型　　（c）球面型

图 3-2-6

● 气门锥角：气门与气门座或座圈之间靠气门锥面密封。气门锥面与气门顶面之间的夹角称为气门锥角，如图 3-2-8 所示。进、排气门的气门锥角一般为 45°，少数为 30°。气门头的边缘厚度一般为 1~3 mm，以防止工作中由于气门与气门座之间的冲击而损坏或被高温气体烧蚀。

图 3-2-7　　　　　　　图 3-2-8

（4）气门的常见损伤与维修

气门常见损伤主要有气门杆磨损、气门工作面磨损、气门杆端面磨损及气门杆弯曲等。

① 气门杆磨损检查

气门杆磨损到一定程度会使气门杆与导管孔的间隙增大，使气门歪斜，导致气门关闭不严、漏气。当高温废气通过气门导管与气门杆之间的间隙时，会使气门及导管过热，加速气门及导管的磨损，并可能由于导管中润滑油烧结，使气门卡死而无法动作。气门杆与气门导管的配合间隙过大时，应更换气门和气门导管。可以用外径千分尺测量气门杆的磨损程度，测量部位在气门杆上、中、下 3 个部位。气门杆磨损极限为不大于 0.08 mm，若超过规定范围，应更换气门。

② 气门工作面磨损检查

检查气门头部工作面是否有麻点或烧蚀，若有麻点或烧蚀可用气门磨光机修磨，气门光磨后，其边缘逐渐变薄，工作时容易变形和烧毁，所以进气门气门头最小边缘厚度不得小于 0.60 mm，排气门不得小于 1.10 mm，否则应更换气门。

③ 气门杆端面磨损检查

气门杆端面磨损或疤痕，往往会使气门杆端面不平。当气门顶起时，挺杆（或摇臂）作用力将产生侧向力，使气门杆歪斜、气门关闭不严。气门杆端面磨损，可用气门磨光机修正。磨光机上设有 V 形铁座，将气门杆平放在座上，一手按住气门杆，一手转动气门头，并使杆端轻微抵在砂轮上磨平。

④ 气门杆弯曲和气门头部歪斜检查

气门杆的弯曲可用百分表来测量。清除气门积炭并将气门擦净，将气门杆支承在两个 V 形铁上，然后用百分表触头测量气门杆中部的弯曲度（直线度误差），若其值超过 0.03 mm 应更换或校正气门；在气门头部用百分表进行测量，转动气门头部一圈，读数最大和最小之差的 1/2 即为气门头部的倾斜度误差，允许倾斜度误差为 0.02 mm。气门杆弯曲或气门头部歪斜超过规定范围后，需更换气门。

2. 气门弹簧

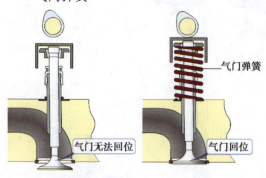

图 3-2-9

（1）气门弹簧的作用

气门弹簧的作用是保证气门的回位。当气门关闭时，保证气门及时关闭并与气门座紧密贴合，同时也防止气门在发动机振动时因跳动而破坏密封性；当气门开启时，保证气门不因运动时产生的惯性力而脱离凸轮无法回位，其原理如图 3-2-9 所示。

（2）气门弹簧的工作条件及材料

气门弹簧承受交变载荷，因此要求气门弹簧有合适的强度和刚度。气门弹簧采用优质弹簧钢丝经热处理制成。

（3）气门弹簧的类型

当气门弹簧的工作频率与其固有的振动频率相等或为整数倍时，气门弹簧就会发生共振。共振时将使配气定时遭到破坏，使气门发生反跳和冲击，甚至使弹簧折断。

如图 3-2-10 所示，为防止共振的发生，气门弹簧会采用以下形式：采用双等螺距弹簧、变螺距弹簧。

（a）等螺距弹簧　　　（b）双气门弹簧　　　（c）变螺距弹簧

图 3-2-10

☆ 小提示

不等螺距的气门弹簧安装时，螺距小的一端应朝向气门头部。

（4）气门弹簧的常见损伤与维修

气门弹簧常见的损伤主要有自由长度变短、弹力减弱、弹身歪斜，严重时可能出现弹簧折断。气门弹簧不能维修，只能更换。

气门弹簧的自由长度可用游标卡尺测量，测量时应使游标卡尺两测量爪与气门弹簧接触即可，不可压缩气门弹簧。若气门弹簧的自由长度或垂直度不符合要求，应更换气门弹簧。

气门弹簧弹力的检查，用检验仪对气门弹簧施加压力，在规定压力下的气门弹簧高度

（或规定气门弹簧高度下的压力）应符合标准,否则应更换气门弹簧。

3.气门弹簧座的固定

气门尾端面的形状取决于气门弹簧座的固定方式,如图 3-2-11 所示。常用的结构是用两半的锥形锁片来固定弹簧座,在气门杆的端部制有安装锁片的环槽;另一种是用锁销固定弹簧座,在气门杆端部制有一个安装锁销的径向孔。气门锁片(销)的作用是保证气门弹簧在上升的过程中气门随之上升而不脱落,其原理如图 3-2-12 所示。

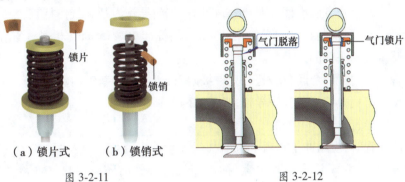

| 锁片 | 锁销 | 气门脱落 | 气门锁片 |

（a）锁片式　（b）锁销式

图 3-2-11　　　　　　　　　　图 3-2-12

4.气门弹簧座与气门锁片

气门锁片与气门弹簧座,如图 3-2-13 所示。气门杆与气门弹簧有两种连接方式,一种是以锁销代替锁夹的径向孔,通过锁销进行连接;另一种是锁片式,即在气门杆端部的沟槽上装有两个半圆形锥形锁片,弹簧座紧压锁片,使其紧箍在气门杆端部,从而使气门、弹簧座、锁夹连接成一个整体与气门一起运动。

5.气门导管

（1）气门导管的作用

气门导管为气门的上下运动起导向,保证气门做直线往复运动,使气门与气门座准确贴合。另外,气门导管将气门杆接受的部分热量通过气门导管传递给气缸盖,其原理如图 3-2-14 所示。

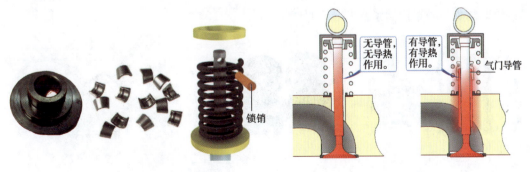

| 锁销 | 无导管,无导热作用。 | 有导管,有导热作用。 | 气门导管 |

图 3-2-13　　　　　　　　　　图 3-2-14

（2）气门导管的工作条件及材料

气门导管的工作温度高,润滑条件差,主要靠飞溅润滑,容易磨损。因此,要求气门导管要耐高温和耐磨,主要的材料有灰铸铁、球墨铸铁或粉末冶金等。

（3）气门导管的构造

如图 3-2-15 所示,气门导管为空心的圆柱体。气门导管与气缸盖过盈配合。

（4）气门导管的常见损伤与维修

①检查气门导管的磨损

气门导管磨损后会使其与气门杆的配合间隙增大,导致气门工作时摆动,关闭不严。气门导管与气门杆的检查方法有两种:一是直接测量气门导管内径和气门杆直径,并计算其配合间隙;二是先把气门安装在气门导管内,再将气门提起 10～15 mm(相对气缸盖平面),然后用百分表测量气门头部的摆动量。

气门导管与气门杆配合间隙若超过允许极限时,可换一个新气门重新进行检查,根据测量结果视情况确定更换气门或气门导管,必要时两者一起更换。

②更换气门导管

更换气门导管时,应用冲子和锤子将旧气门导管拆出,拆出时应注意方向(一般气缸盖上方为拆除方向)。对于铝合金气缸盖,拆出旧气门导管前还应加热气缸盖,以免气缸盖裂损。

拆出旧气门导管后,应根据新气门导管外径适当铰削气门导管孔,使气门导管与气门导管孔有适当的过盈量,一般为 0.015～0.065 mm。

6. 气门油封

发动机工作时,气门杆与气门导管之间需要润滑,但润滑油又不能太多,如果过多会造成润滑油漏入燃烧室,增加润滑油消耗和气缸内积炭。为了控制和减小润滑油的消耗,在气门杆上装有气门油封,且气门油封上有弹簧圈,用于发动机气门导杆的密封。气门油封的结构如图 3-2-16 所示。

7. 气门座与气门座圈

（1）气门座的作用

气缸盖上与气门锥面相贴合的部位称为气门座,如图 3-2-17 所示。气门座的作用是靠其内锥面与气门外锥面的紧密贴合密封气缸。

图 3-2-15　　　　　图 3-2-16　　　　　图 3-2-17

（2）气门座的工作条件及材料

气门座的温度很高,又承受频率极高的冲击载荷,容易磨损。因此,大多数铸铁气缸盖和铝气缸盖均镶嵌由合金铸铁或粉末冶金或奥氏体钢制成的气门座圈,如图 3-2-18 所示。

（3）气门座的构造

在气缸盖上镶嵌气门座圈可以延长气缸盖的使用寿命。也有一些铸铁气缸盖不镶气门座圈，直接在气缸盖上加工出气门座。气门座圈的角度比气门锥角大 0.5°~1°。

三、配气相位

配气相位就是进、排气门实际开启和关闭持续的时间，通常用相对于上、下止点曲拐位置的曲轴转角的环形图来表示，这种图形称为配气相位图，如图 3-2-19 所示。

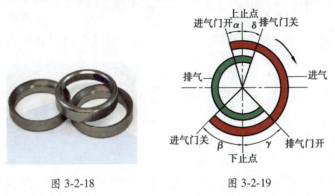

图 3-2-18   图 3-2-19

从发动机做功原理上来说，进气门在活塞处于上止点时开启，当活塞运动到下止点位置时关闭；而排气门在活塞处于下止点时开启，当活塞运动到上止点时关闭。进气时间和排气时间各占 180° 曲轴转角。但实际情况并非如此，由于发动机的转速很高，活塞的每一行程历时都很短，如四冲程发动机的转速为 3 000 r/min 时，一个冲程时间仅为 0.01 s，再加上用凸轮驱动气门开启需要一个过程，气门全开的时间就更短了，在这样短的时间内要做到进气充分、排气干净彻底是非常困难的。所有为了改善唤起过程，提高发动机性能，实际上发动机气门开启和关闭并不完全在活塞的上、下止点，而是适当地提前和延后，以延长进、排气的时间，即气门开启的持续时间均大于 180° 曲轴转角。

1. 进气门的配气相位

在排气冲程接近结束时，活塞到达上止点之前，进气门便开始开启，称为进气门早开。从进气门开始开启到上止点所对应的曲轴转角称为进气提前角（或早开角），其原理如图 3-2-20 所示。进气提前角用 α 表示，α 一般为 10°~30°。进气门早开，使得活塞到达上止点开始向下运动时，因进气门已有一定开度，所以可较快地获得较大的进气通道截面，减少进气阻力。

在进气冲程下止点过后，活塞重又上行一段，进气门才关闭，称为进气门晚关。从下止点到进气门关闭所对应的曲轴转角称为进气滞后角（或晚关角），其原理如图 3-2-21 所示。进气滞后角用 β 表示，β 一般为 40°~80°。进气门晚关有利于活塞到达下止点时，由于进气阻力的影响，气缸内的压力仍低于大气压，进气门晚关，利用压力差可继续进气。

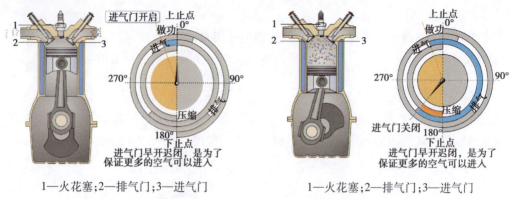

1—火花塞；2—排气门；3—进气门
图 3-2-20

1—火花塞；2—排气门；3—进气门
图 3-2-21

由此可见，在整个进气过程中，进气门开启持续时间内的曲轴转角，即进气持续角为 α+180°+β。

2. 排气门的配气相位

在做功行程的后期，活塞到达下止点前，排气门便开始开启称为排气门早开。从排气门开始开启到下止点所对应的曲轴转角称为排气提前角（或早开角），其原理如图 3-2-22 所示。排气提前角用 γ 表示，γ 一般为 40°~80°。排气门早开是利用气缸内的废气压力提前自由排气，其实做功行程末期气门开始开启，对于做功作用已经不大，可利用此压力使气缸内的废气迅速地自由排出。

在活塞越过上止点后，排气门才关闭称为排气门晚关。从上止点到排气门关闭所对应的曲轴转角称为排气滞后角（或晚关角），如图 3-2-23 所示。排气滞后角用 δ 表示，δ 一般为 10°~30°。排气门晚关是利用缸内外压力差继续排气，活塞到达上止点时，气缸内的压力仍高于大气压，利用缸内外压差可继续排气。

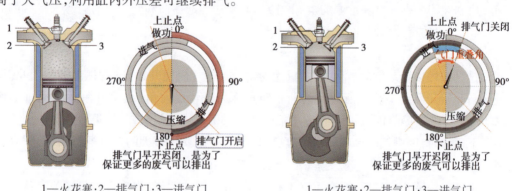

1—火花塞；2—排气门；3—进气门
图 3-2-22

1—火花塞；2—排气门；3—进气门
图 3-2-23

由此可见，在整个排气过程中，排气门开启持续时间内的曲轴转角，即进气持续角为 γ+180°+δ。

3. 气门重叠角

由于进气门早开和排气门晚关，就出现了一段进、排气门同时开启的现象，称为气门重叠开,如图 3-2-24 所示。同时开启的角度,即进气门早开角与排气门晚关角的和(α+δ),称为气门重叠角。由于新鲜气流和废气气流的流动惯性比较大,故在短时间内保持原来的流动方向。因此,只要气门重叠角选择适当,就不会产生废气倒流进入进气管或新鲜气体随废气排出问题。

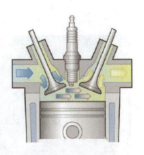

图 3-2-24

对于不同发动机,由于其结构形式、转速各不相同,因而配气相位也不相同,合理的配气相位应根据发动机的性能要求,通过反复实验确定。

任务实施

训练 拆装与检测气门组

1. 拆卸气门组

准备工作

工量具、科鲁兹发动机一台、组合工具 150 件一套、气门油封拆卸专用工具、清洁布等。如图 3-2-25 所示。

操作要领

①用有机溶剂清洁气缸盖及气门弹簧,并用压缩空气吹干气门弹簧,如图 3-2-26 所示。

图 3-2-25

图 3-2-26

②清洁气门弹簧拆装钳,并选择合适的驱动接头,如图 3-2-27 所示。

③将气门弹簧拆装钳调到适当位置,如图 3-2-28 所示。

④用气门弹簧拆装钳压缩气门弹簧,使两个气门锁片的位置脱离气门杆尾部的凹槽处,如图 3-2-29 所示。

⑤用吸铁吸出气门锁片,如图 3-2-30 所示。

⑥慢慢旋松气门弹簧拆装工具的压缩弹簧,并脱离气门组,如图 3-2-31 所示。

⑦用手取下气门弹簧座，如图 3-2-32 所示。

图 3-2-27

图 3-2-28

图 3-2-29

图 3-2-30

图 3-2-31

图 3-2-32

⑧用手拆下气门弹簧，如图 3-2-33 所示。

⑨用手取下气门，如图 3-2-34 所示。

⑩用气门油封专用工具拆卸气门油封，如图 3-2-35 所示。

⑪用吸铁棒取出气门弹簧垫片，如图 3-2-36 所示。

图 3-2-33

图 3-2-34

图 3-2-35

图 3-2-36

质量标准与
注意事项

⑫将进、排气门按照有序地摆放在指定位置，如图 3-2-37 所示。

⑬对剩余的气门重复相同的程序。

2. 检测气门组

准备工作

0~25 mm 外径千分尺、游标卡尺、清洁布、V 形铁等，如图 3-2-38 所示。

图 3-2-37

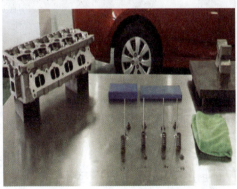

图 3-2-38

操作要领

（1）目视检查

①目视检查气门杆是否有毛刺、划痕和磨损。如果有，应更换气门，如图3-2-39所示。

②检查气门锁销槽是否碎裂或磨损。如果有碎裂或磨损，应更换气门。

③检查气门锥面是否有烧伤或开裂。如果有碎片剥落，检查相应的活塞和气缸盖区域是否损坏，如图3-2-40所示。

图 3-2-39

图 3-2-40

（2）检查气门及气门导管筒

用0～25 mm外径千分尺测量气门直径，并记录数据，如图3-2-41所示。

（3）检查气门杆长度

①清洁并校正游标卡尺，如图3-2-42所示。

图 3-2-41

图 3-2-42

②测量进、排气门长度，并记录数据。如果气门值小于最小长度值，则更换气门，如图3-2-43所示。

（4）检查气门弹簧

①使用钢直尺在工作台上测量气门弹簧的偏斜量，如图3-2-44所示。

②使用游标卡尺测量气门弹簧的长度，并记录数据，如图3-2-45所示。

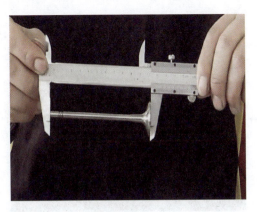

图 3-2-43   图 3-2-44

3. 装配气门组

准备工作

工量具、科鲁兹发动机一台、组合工具 150 件一套、气门油封拆卸专用工具、清洁布等，如图 3-2-46 所示。

图 3-2-45   图 3-2-46

操作要领

①将新气门油封安装到气门油封专用工具上，如图 3-2-47 所示。

②用专用工具将气门油封安装到气门导管上。

③用机油枪润滑气门杆，如图 3-2-48 所示。

④两手配合安装气门，如图 3-2-49 所示。

⑤安装气门弹簧，如图 3-2-50 所示。

⑥安装气门弹簧座圈，如图 3-2-51 所示。

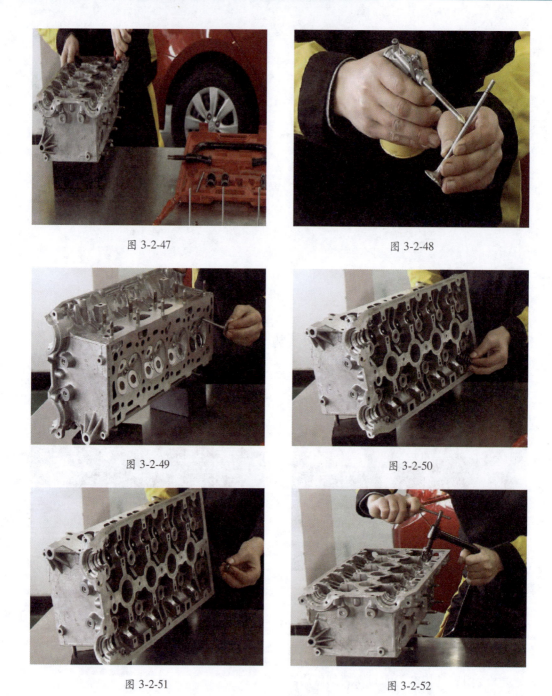

图 3-2-47　　　　　　　　　　图 3-2-48

图 3-2-49　　　　　　　　　　图 3-2-50

图 3-2-51　　　　　　　　　　图 3-2-52

⑦调整气门拆装钳。

⑧放松并调整气门拆装钳的位置，依次对各缸进、排气门用气门拆装钳将气门弹簧压紧，如图 3-2-52 所示。

⑨给气门锁片加注润滑油，如图 3-2-53 所示。

图 3-2-53

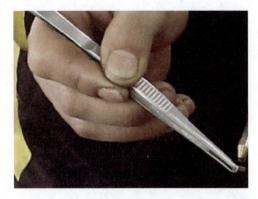

图 3-2-54

⑩用镊子安装气门锁片,如图 3-2-54 所示,两片气门锁片的位置刚好在气门杆的锁环槽内。

⑪放松气门拆装钳,如图 3-2-55 所示。

图 3-2-55

质量标准与
注意事项

任务三　认知与检修气门传动组

气门传动组主要是将曲轴的动力传递给气门,并根据发动机的做功顺序打开和关闭气门,将曲轴的旋转运动转变为气门的往复直线运动。

知识目标
- 能描述气门传动组的作用及组成;
- 能描述气门传动组各零部件的结构和作用;
- 能描述气门传动组的损伤形式。

技能目标
- 会拆装气门传动组;
- 会检测气门传动组零部件;
- 会检测和调整气门间隙;
- 会拆装正时皮带。

相关知识

一、气门传动组的作用

气门传动组能按规定的配气相位定时驱动气门开闭,并保证气门有足够的开度和适当的气门间隙。

二、气门传动组的组成

按照凸轮轴布置形式的不同,气门传动组有不同的结构。凸轮轴上置式气门传动组主要由凸轮轴、挺柱等组成;凸轮轴中置式气门传动组主要由凸轮轴、挺柱、摇臂和摇臂轴等组成;凸轮轴下置式气门传动组主要由凸轮轴、挺杆、推杆、摇臂和摇臂轴等组成。

1. 凸轮轴

(1)凸轮轴的作用

图 3-3-1

将曲轴通过齿形皮带(或链)传来的动力通过摇臂打开气门,其原理如图 3-3-1 所示。

同时齿轮轴根据发动机的工作顺序,在正确的时刻打开或关闭进、排气门,并保证气门有足够的升程,在一定的时间内能持续打开,如图 3-3-2 所示。

(2)凸轮轴的工作条件及材料

凸轮轴在实际工作中受到周期性的气门冲击载荷,表面磨损严重,易产生弯曲变形,因此要求凸轮轴要有足够韧性、耐磨性和刚度。凸轮轴一般由优质钢锻造,有的凸轮轴也采用合金铸铁或球墨铸铁铸造。

1缸气门开

3缸气门开

图 3-3-2

(3)凸轮轴的构造

凸轮轴主要由凸轮和轴颈等部分组成,有些凸轮轴上还有凸轮轴位置传感器和 VVT 控制轴颈等,其结构如图 3-3-3 所示。凸轮分为进气凸轮和排气凸轮两种,用来驱动气门的开闭。轴颈对凸轮轴起支承作用,轴颈的润滑方式一般采用压力润滑。

①凸轮的相对角位置

凸轮轴上各气缸的进气凸轮或排气凸轮称为同名凸轮。同名凸轮相对角为做功间隔角的 1/2。如四缸发动机同名凸轮间夹角为 $180°/2=90°$,六缸发动机同名凸轮间夹角为 $60°$,如图 3-3-4 所示。从凸轮轴的前端来看,各气缸同名凸轮逆着凸轮轴转动方向的排列顺序便是发动机各缸的进、排气顺序。

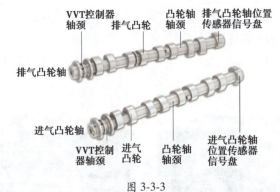

图 3-3-3

②凸轮的轮廓

凸轮的轮廓必须要保证气门的开启和关闭符合配气相位的要求,并使气门有一定的升程,凸轮的轮廓曲线决定了气门开启和关闭的运动规律。凸轮的轮廓形状如图 3-3-5 所示。

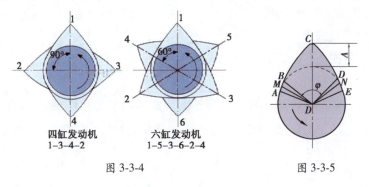

图 3-3-4

图 3-3-5

③凸轮轴的轴向定位

为了限制凸轮轴在工作中承受螺旋齿轮在传动时产生的轴向力或产生的轴向移动,凸轮轴需要轴向定位。凸轮轴轴向移动量过大,会影响配气定时。常用的定位装置有止推板、止推螺钉、止推轴承等,如图 3-3-6 所示。

（a）凸肩轴向定位　　（b）止推板轴向定位　　（c）止推螺钉定位

凸轮轴轴向定位方式

1—凸轮轴;2—凸轮轴承盖;3—凸轮轴定时齿轮;4—螺母;5—调整环;
6—止推板;7—定时传动室盖;8—螺栓;9—止推螺钉

图 3-3-6

（4）凸轮轴的传动机构

凸轮轴由曲轴驱动,其传动机构有齿形皮带式、链条式和齿轮式。

（5）凸轮轴与曲轴正时系统

为了让气门的开、闭与曲轴的位置保持正确的关系,凸轮轴必须根据曲轴设定正时,如图 3-3-7 所示。

（a）凸轮轴正时标记　　　　　　　（b）曲轮轴正时标记

图 3-3-7

（6）凸轮轴的常见损伤与维修

①凸轮轴的常见损伤

凸轮轴的常见损伤有凸轮和轴颈的磨损、凸轮轴的变形、轴向间隙过大等现象。

②凸轮轴弯曲的检测

检查凸轮轴弯曲变形可用其两端轴颈外圈或两端的中心孔作基准,测量中间一道轴颈的径向圆跳动量。凸轮轴径向圆跳动量若超过极限值,可对凸轮轴进行冷压校正,必要时应更换凸轮轴。

③凸轮的检测

目测凸轮表面是否有麻点、沟槽等现象。凸轮的磨损是不均匀的,一般凸轮的顶尖附近磨损较严重。凸轮磨损后,凸轮高度减少,会影响发动机工作时的进排气阻力。凸轮的磨损程度可通过测量凸轮的高度（H）或凸轮升程（h）来检查。凸轮高度可用外径千分尺测量。凸轮升程为凸轮高度与基圆直径之差。凸轮高度或升程若超过允许极限,应更换凸轮轴。

④凸轮轴轴向间隙的检测

凸轮轴轴向间隙的检测可用百分表测头抵在凸轮轴端,前后推拉凸轮轴,百分表指针的摆动量即为凸轮轴轴向间隙。凸轮轴轴向间隙若超过允许极限,可视情况更换止推垫片、凸轮轴或气缸盖。

⑤凸轮轴轴颈及轴承磨损的检测

凸轮轴轴颈及轴承磨损的情况可通过测量其配合间隙来检查。多数发动机凸轮轴轴颈和轴承无修理尺寸,当轴承间隙超过其允许极限时,必须更换凸轮轴或凸轮轴轴承,必要时两者一起更换。对无凸轮轴轴承的,若凸轮轴座孔磨损严重,只能更换气缸体或气缸盖。

2. 挺柱

（1）挺柱的功用

挺柱的功用是将来自凸轮的运转和推力传递给推杆或气门。

（2）挺柱的工作条件及材料

挺柱在工作中受到凸轮轴的作用力，易产生摩擦和磨损，因此要求挺具要有耐磨性，要有良好的润滑性。挺柱一般由合金钢、合金铸铁、碳钢等制造。

（3）挺柱的构造

挺柱结构如图 3-3-8 所示，常见的有机械挺柱和液压挺柱。机械挺柱有筒式挺柱和滚轮式挺柱；液力挺柱减小了气门工作时产生的撞击噪声，同时减小了进、排气阻力，提高了发动机的性能。

图 3-3-8

（4）挺柱的常见损伤与维修

挺柱的常见损伤是工作面损伤或磨损。挺柱外表圆柱工作面和底部工作面有轻微的损伤或麻点，可用油石修整。若发现挺柱有裂纹、工作面严重刮伤或偏磨，应及时更换。挺柱与其导向孔的配合间隙若超过允许极限，也应及时更换挺柱。挺柱在拆卸过程中应做好标记，以方便安装。

3. 摇臂

（1）摇臂的作用

摇臂是将推杆或凸轮轴的作用力改变方向后传递给气门，推动气门打开，其作用如图 3-3-9 所示。

（2）摇臂的工作条件及材料

摇臂在工作中受到较大的弯矩，易产生弯曲变形，因此要求摇臂要有足够的强度和刚度。摇臂一般由铸铁、锻钢、铝合金等组成。

图 3-3-9

图 3-3-10

（3）摇臂的构造

摇臂的构造如图 3-3-10 所示，常采用不等长的结构，以摇臂轴为支点，长臂靠近气门端，长、短臂之比为 1.2~1.8。其中短臂一端制成螺纹孔，长臂一端用来推动气门，安装有气门间隙调整螺钉（使用液力挺杆的发动机则没有），在调整螺钉上还带有锁紧螺母，以调整配气机构的气门间隙。摇臂一般用球墨铸铁精密铸造或 45 号中碳钢模锻而成。

☆ 小提示

现在有些发动机采用滚子摇臂,如图 3-3-11 所示。

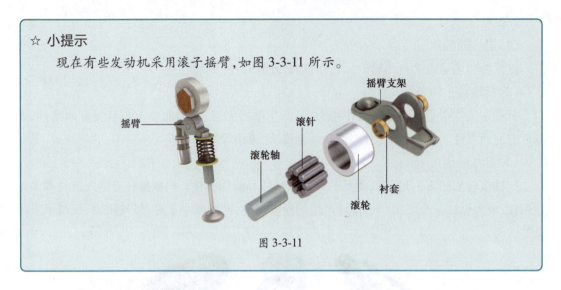

图 3-3-11

（4）摇臂的常见损伤与维修

摇臂的常见损伤有摇臂球面接触部位的磨损、摇臂和摇臂轴配合间隙过大、摇臂有裂纹或断裂,以及气门调整螺钉、锁紧螺母和摇臂上的螺孔有烂牙、乱牙和滑牙等。

检查摇臂球面接触部位的磨损情况,若有轻微磨损,可用油石修磨,磨损严重时更换摇臂;检查气门调整螺钉、锁紧螺母和摇臂上的螺孔是否完好,若有损坏应更换;检查摇臂和摇臂轴配合间隙,若间隙超过允许极限,应更换零件或总成;检查摇臂轴的弯曲变形,若超过允许极限,应校正或更换摇臂轴。摇臂如果有裂纹或断裂,只能更换。

4. 摇臂组

摇臂组由摇臂、摇臂轴支座及定位弹簧等组成,如图 3-3-12 所示。摇臂通过摇臂轴支承在摇臂轴支座上,摇臂轴支座安装在气缸盖上,摇臂轴为空心管状结构。摇臂与推杆端、摇臂与摇臂轴间的润滑可采用来自挺杆座、挺杆、摇臂内油道、推杆或来自摇臂内孔、气缸盖的压力机油润滑。为了防止摇臂的窜动,在摇臂轴上每两摇臂之间都装有弹簧。分解摇臂总成时,应注意各摇臂的序号、摇臂轴的安装方向及位置,以免安装时位置装错。对摇臂总成零件进行清洗时,应注意将摇臂轴内部清理干净,并保证各油孔通畅。

5. 推杆

推杆介于摇臂和挺柱之间,其作用是将从凸轮轴经过挺杆传来的作用力和运动传给摇臂。在上下置凸轮轴式配气机构采用中,推杆是一个细长杆件,如图 3-3-13 所示。它是配气机构中最容易发生弯曲变形的零件,因此要求它有很高的刚度和纵向稳定性。

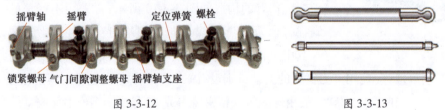

图 3-3-12

图 3-3-13

三、气门间隙

在发动机冷态和气门关闭状态时,气门与传动件之间的间隙称为气门间隙。如图 3-3-14 所示。配气机构温度较高时,气门挺杆、气门杆等零件受热后伸长,便自动顶开气门,使气门与气门座关闭不严,造成漏气现象。为防止这种现象发生,必须预留一定的气门间隙。气门间隙一般通过气门螺钉来调整,当然也有的发动机通过气门垫片来调整气门间隙。其进气门间隙在 0.20~0.25 mm,排气门间隙在 0.29~0.35 mm。

气门间隙过小,会使进气门关闭不严,发动机在热态下可能漏气,导致发动机功率下降,油耗增加。如果气门间隙过大,导致气门开启不足,不能充分吸进混合气及排出废气,

图 3-3-14

使发动机动力性能降低,并易发热及发生撞击声,加速零部件的磨损。如果发动机长时间运转,会使得气门与传动件之间发生磨损,所以应定期调整气门间隙大小。现在有些发动机采用液压挺柱,无气门间隙,所以无须调整。

四、气门间隙的调整

气门间隙的检查和调整应在气门完全关闭且气门挺柱落在最低位置时进行。

气门间隙调整方法有逐缸调整法和两次调整法两种。逐缸调整法就是先确定某一气缸的活塞在压缩行程上止点位置后,分别调整这个气缸的进、排气门间隙。待该缸调整好后,摇动手柄转动曲轴(转动角度为各缸之间的做功间隔角),按发动机工作次序,依次调整其他各缸的气门间隙。以直列四缸四行程发动机气门间隙的调整为例(工作顺序 1-3-4-2),逐缸调整法为:先让第一缸活塞在压缩行程上止点位置,此时可调整第一缸的进、排气门间隙;再摇动手柄转动曲轴半周(180°),可调整第三缸的进、排气门间隙;然后再摇动手柄转动曲轴半周(180°),可调整第四缸的进、排气门间隙;最后摇动手柄转动曲轴半周(180°),可调整第二缸的进、排气门间隙。

两次调整法是指只要把发动机的曲轴摇转两次,就能把多缸发动机的所有气门间隙全部检查调整好,下面着重介绍两次调整法。

1. 直列四缸四行程发动机气门间隙两次调整法

表 3-3-1 为直列四缸四行程发动机工作循环表。

表 3-3-1 直列四缸四行程发动机工作循环表(工作顺序 1-3-4-2)

曲轴转角/(°)	第一缸	第二缸	第三缸	第四缸
0~180	做功	排气	压缩	进气
180~360	排气	进气	做功	压缩

续表

曲轴转角/(°)	第一缸	第二缸	第三缸	第四缸
360~540	进气	压缩	排气	做功
540~720	压缩	做功	进气	排气

当第一缸处于压缩上止点时,此时第一缸的进、排气门完全关闭,进、排气门间隙可调;第二缸做功 180°,此时排气门提前打开 40°~80°,排气门间隙不可调,进气门完全关闭,进气门间隙可调;第三缸进气 180°,进气门延后关闭 40°~80°,进气门间隙不可调,排气门完全关闭,排气门间隙可调;第四缸排气 180°,进、排气门叠开,进、排气门间隙都不可调。

曲轴旋转一周,可作类似分析。

2. 直列六缸四行程发动机气门间隙两次调整法

当第一缸处于压缩上止点时,此时第一缸的进、排气门完全关闭,进排气门间隙可调;第二缸排气 60°,此时排气门打开,排气门间隙不可调,进气门完全关闭,进气门间隙可调;第三缸进气 180°,进气门延后关闭 40°~80°,进气门间隙不可调,排气门完全关闭,排气门间隙可调;第四缸做功 120°,排气门提前打开 40°~80°,排气门间隙不可调,进气门完全关闭,进气门间隙可调;第五缸压缩 60°,进气门延后关闭 40°~80°,进气门间隙不可调,排气门完全关闭,排气门间隙可调;第六缸排气 180°,进、排气门叠开,进、排气门间隙都不可调。曲轴旋转一周,可作类似分析。直列六缸四行程发动机气门间隙两次调整法。

任务实施

训练 1　气门传动组的拆装与检修

1. 拆卸气门传动组

准备工作

组合工具 150 件套、科鲁兹发动机一台、扭力表(指针式、可调式)吸铁棒,如图 3-3-15 所示。

操作要领

①按照正确的方法拆卸气缸盖罩,如图 3-3-16 所示。

②选用专用工具将 4 道轴承盖上的 8 个紧固螺栓彻底拧松,方法是从两端向中间分次拧松,如图 3-3-17 所示。

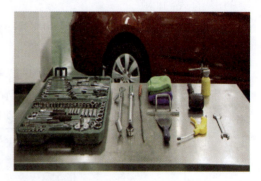

图 3-3-15

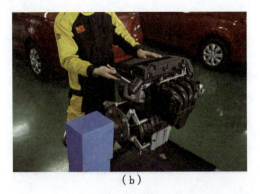

（a）	（b）

图 3-3-16

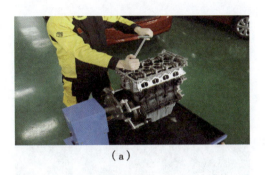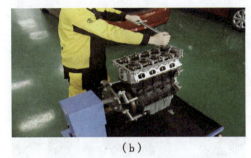

（a）	（b）

图 3-3-17

③拆下凸轮轴轴承盖紧固螺母，如图 3-3-18 所示。

④拆下第一凸轮轴轴承盖，如图 3-3-19 所示。

图 3-3-18　　　　　　　　　　　　　图 3-3-19

⑤以 $\frac{1}{2}$ ~1 转的增量从外到内螺旋式松开 8 个排气凸轮轴轴承盖螺栓。

⑥拆下 8 个排气凸轮轴轴承盖螺栓，如图 3-3-20 所示。

⑦从气缸盖拆下 4 个排气凸轮轴轴承盖 6~9，如图 3-3-21 所示。

⑧水平取出排气凸轮轴，如图 3-3-22 所示。

⑨以 $\frac{1}{2}$ ~1 转的增量从外到内螺旋式松开 8 个进气凸轮轴轴承盖螺栓。

图 3-3-20

图 3-3-21

⑩拆下 8 个进气凸轮轴轴承盖螺栓,如图 3-3-23 所示。

图 3-3-22

图 3-3-23

⑪从气缸盖拆下 4 个进气凸轮轴轴承盖 2~5,如图 3-3-24 所示。

⑫拆下进气凸轮轴,水平取出进气凸轮轴,如图 3-3-25 所示。

图 3-3-24

图 3-3-25

⑬拆下凸轮轴密封圈,如图 3-3-26 所示。

⑭用挺柱吸取设备拆下 16 个气门挺柱,如图 3-3-27 所示。

⑮用干净的清洁布清洁液压挺柱表面,如图 3-3-28 所示。

⑯选用记号笔在液压挺柱表面上做好标记,如图 3-3-29 所示。

⑰将拆下的零件摆放整齐,如图 3-3-30 所示。

（a）

（b）

图 3-3-26

图 3-3-27

图 3-3-28

图 3-3-29

图 3-3-30

质量标准与
注意事项

2. 检测

准备工作

组合工具、外径千分尺、塑料线规、平口起、百分表（带磁力座），如图 3-3-31 所示。

操作要领

①检查凸轮轴凸轮高度，如图 3-3-32 所示。

图 3-3-31

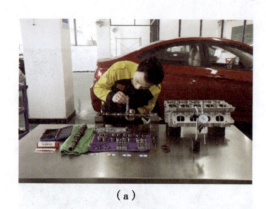

（a）

（b）

图 3-3-32

②检查凸轮轴的弯曲变形。如图 3-3-33 所示，将 V 形铁置于平板上，将凸轮轴置于 V 形铁上，使用百分表测量凸轮轴中间支承的径向圆跳动。轻轻地回转凸轮轴一周，百分表指针的读数差即为凸轮轴的径向圆跳动值。若测量值超过极限值，凸轮轴校值后，其径向圆跳动应大于规定值。

（a）

（b）

图 3-3-33

③检查凸轮轴轴颈的磨损。如图 3-3-34 所示，使用外径千分尺利用"两点法"测量每个凸轮轴轴颈的直径，即在轴颈的每个不同界面上分别测量两垂直方向的直径尺寸（得到 4 个测量值），同时使用内径百分表利用"两点法"测量气缸盖上凸轮轴轴颈承孔的内径（每个承

孔得 4 个测量值)。用所测轴颈承孔内径减去相应轴颈直径即得到轴颈与轴颈承孔的配合间隙。如果该配合间隙超过极限值,则应更换凸轮轴。

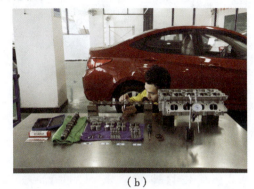

（a）　　　　　　　　　　　（b）

图 3-3-34

④检查凸轮轴轴向间隙(止推间隙)。如图 3-3-35 所示,拆去桶形挺柱,装好 1 号和 5 号轴承盖,用百分表水平抵住凸轮轴一端,测其轴向间隙,若超过标准值,则应修理或更换。

⑤检测凸轮轴油膜间隙。如图 3-3-36 所示,把凸轮轴放置在气缸盖轴承座上,在各轴颈表面按轴向位置放上一小段塑料线规,装上轴承盖并按规定力矩紧固螺栓。重新把轴承盖拆下,通过规尺确定油膜间隙的大小。

图 3-3-35　　　　　　　　　　　图 3-3-36

质量标准与
注意事项

3. 装配气门传动组

准备工作

科鲁兹发动机一台、扭力扳手、机油壶、橡胶榔头、毛巾、吸铁棒、组合工具一套,如图 3-3-37 所示。

操作要领

①按照液压挺柱摆放的顺序,依次将液压挺柱用抽吸装置放到座孔中,如图 3-3-38 所示。

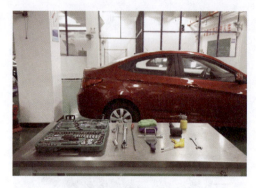

图 3-3-37

图 3-3-38

②在液压挺柱顶面涂抹少许的机油，如图 3-3-39 所示。

③水平安装进气凸轮轴，如图 3-3-40 所示。

图 3-3-39

图 3-3-40

④在轴径上涂上润滑油，如图 3-3-41 所示。

⑤依次安装进气凸轮轴轴承盖及螺栓，注意装配顺序及朝前标记，如图 3-3-42 所示。

图 3-3-41

图 3-3-42

⑥用棘轮扳手拧紧进气凸轮轴轴承螺栓，如图 3-3-43 所示。

⑦用扭力扳手拧紧进气凸轮轴轴承螺栓，要求是从中间向两端分两次拧紧，如图 3-3-44 所示。

⑧用同样的方法安装排气凸轮轴及轴承盖。

图 3-3-43   图 3-3-44

⑨用适当的工具清洁第一凸轮轴轴承架和气缸盖的密封面。清除油管中的残余密封胶,如图 3-3-45 所示。

⑩给第一凸轮轴轴承盖的密封面薄而均匀地涂上表面密封剂。

⑪将第一凸轮轴轴承盖放置在气缸体上并将螺栓紧固至大约 2 N·m,如图 3-3-46 所示。

图 3-3-45   图 3-3-46

⑫安装第一凸轮轴轴承盖螺栓并紧固至 8 N·m。

⑬将 2 个新密封圈安装到凸轮轴上,直到与气缸盖接触,如图 3-3-47 所示。

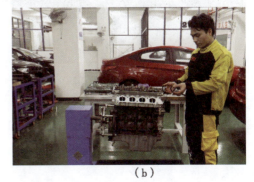

（a）   （b）

图 3-3-47

⑭拆下专用安装工具。

质量标准与
注意事项

训练 2　检修正时传动装置

1. 拆卸正时传动装置

准备工作

科鲁兹发动机(LDE)附翻转架、120 件组合工具一套、预制式扭力扳手、指针式扭力、橡胶锤、凸轮轴锁止工具、飞轮锁止工具、正时皮带张紧器锁销、清洁布、吹尘枪等,如图 3-3-48 所示。

操作要领

①清洁气缸盖罩外表面,防止脏物掉进气门室里面,如图 3-3-49 所示;再选择合适的套筒,用扭力扳手从两边向中间交叉、分次拧松气缸盖罩螺母,如图 3-3-50 所示;接着用快速扳手拧下气缸盖罩螺母,最后用橡胶锤轻轻松动气缸盖罩,并取下气缸盖罩,如图 3-3-51 所示。

图 3-3-48

图 3-3-49

图 3-3-50

图 3-3-51

②选择合适的套筒,用扭力扳手旋转曲轴扭转减振器紧固螺栓,对准曲轴正时标记,如图 3-3-52 所示。

③用扳手调整凸轮轴位置,直至凸轮轴锁止工具可以插入两个凸轮轴内,如图 3-3-53 所示。

④安装飞轮锁止工具,如图 3-3-54 所示,通过起动机齿圈锁止飞轮。

（a） （b）

图 3-3-52

图 3-3-53 图 3-3-54

⑤选择合适的套筒,用扭力扳手拧松曲轴扭转减振器螺栓;接着用快速扳手拧下曲轴扭转减振器螺栓,取下垫圈和扭转减振器,如图 3-3-55 所示。

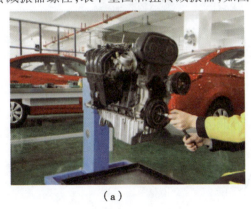 

（a） （b）

图 3-3-55

⑥选择合适的套筒,用快速扳手拆下正时皮带上前盖螺栓,并取下上前盖,如图 3-3-56 所示。

⑦选择合适的套筒,用快速扳手拆下正时皮带中前盖螺栓,并取下正时皮带中前盖,如

图 3-3-57 所示。

图 3-3-56

图 3-3-57

⑧选择合适的套筒,用快速扳手拆下正时皮带下前盖螺栓;最后拆下正时皮带下前盖,如图 3-3-58 所示。

⑨安装凸轮轴正时锁止工具,如图 3-3-59 所示。

⑩使用内六角扳手顺时针转动正时皮带张紧器以释放正时带张力;然后安装正时皮带张紧器锁销,如图 3-3-60 所示。

⑪取下正时齿形皮带;在正时齿形皮带做上朝向标记,如图 3-3-61 所示。

图 3-3-58

（a）　　　　　　　　　　（b）

图 3-3-59

⑫选择合适的套筒,用扭力扳手拧松张紧器螺栓,如图 3-3-62(a)所示;接着用快速扳手拆下张紧器螺栓;然后取出正时皮带张紧器,如图 3-3-62(b)所示。

图 3-3-60

图 3-3-61

（a）　　　　　　　　　　（b）

图 3-3-62

质量标准与
注意事项

2. 检测

准备工作

120 件套装工具箱、扭力扳手、清洁布、吹尘枪等，如图 3-3-63 所示。

操作要领

①检查正时齿形皮带是否有磨损、损伤、裂纹、油污现象，如图 3-3-64 所示。

图 3-3-63

图 3-3-64

②检查张紧轮的轴承是否松旷，是否有噪声，如图 3-3-65 所示。

③检查曲轴正时齿轮是否异常磨损，如图 3-3-66 所示。

质量标准与
注意事项

图 3-3-65

图 3-3-66

3. 装配

准备工作

120 件组合工具一套、预制式扭力扳手等，如图 3-3-67 所示。

操作要领

①更换皮带张紧器，安装张紧器螺栓，将正时皮带张紧器螺栓紧固至 20 N·m+120°+15°，如图 3-3-68 所示。

②更换新的正时皮带，如图 3-3-69 所示。

图 3-3-67

（a）

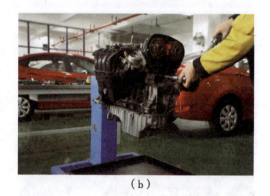

（b）

图 3-3-68

③使用内六角扳手顺时针转动正时皮带张紧器以释放正时带张力，取下正时皮带张紧器锁销，如图 3-3-70 所示。

④取下凸轮轴锁止工具、飞轮锁止工具以及凸轮正时齿轮锁止工具，用指针式扭力旋转曲轴 2 圈，检查正时皮带的张紧度，检查曲轴正时齿轮正时标记和进排气凸轮轴位置与执行器调节器齿轮正时标记是否对齐，如图 3-3-71 所示。

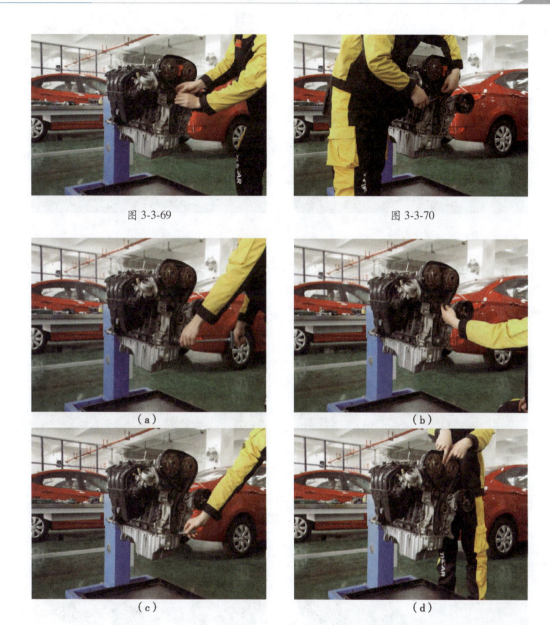

图 3-3-69　　　　　　　　　　　图 3-3-70

（a）　　　　　　　　　　　（b）

（c）　　　　　　　　　　　（d）

图 3-3-71

⑤安装正时皮带下前盖，安装螺栓，选择合适的套筒并将螺栓紧固至 6 N·m，如图 3-3-72 所示。

⑥安装曲轴扭转减振器及其垫片，更换减振器螺栓，并将减震器螺栓分 3 次紧固，如图 3-3-73 所示。

⑦依次安装正时皮带中、上前盖，安装螺栓，选择合适的套筒并将螺栓紧固至 6 N·m，如图 3-3-74 所示。

⑧旋转曲轴（转动 2 圈），检查扭转减震器上正时标记是否与壳体对齐，如图 3-3-75 所示。

图 3-3-72

图 3-3-73

（a）

（b）

图 3-3-74

（a）　　　　　　　　　　　　　　　（b）

图 3-3-75

⑨安装气缸盖罩，拧紧螺栓时，必须按由中间对称地向四周扩展的顺序分 2~3 次进行，最后一次拧紧至 8 N·m，如图 3-3-76 所示。

⑩整理场地，工量具及其设备清洁、归位，如图 3-3-77 所示。

图 3-3-76

图 3-3-77

质量标准与
注意事项

项目四 | 认知与检修冷却系统

发动机工作时,燃烧室和气缸内混合气燃烧温度高达 2 200 ℃,冷却系统能将发动机零部件在混合气燃烧过程中所吸收的热量通过冷却介质排放到大气中去,从而维持发动机的正常工作温度,保证发动机正常运行。如果发动机不在正常的工作温度下运行,即过冷或过热,对发动机均有不利影响。

/ 任务一 / 认知冷却系统

发动机冷却系统在发动机工作时对发动机的高温零件进行适当的冷却,通过不同的循环方式和工作模式,带走发动机高温零件多余的热量,使发动机保持在正常的温度范围内工作。

知识目标
- 能说出发动机冷却系统的作用与类型;
- 能描述发动机冷却系统的组成。

任务实施

一、冷却系统的作用

冷却系统的作用是使发动机在所有工况下都保持在适当的温度范围内。冷却系统既要防止发动机过热,也要防止发动机过冷。

二、冷却系统的类型

发动机冷却系统有水冷和风冷两种,水冷式以冷却水或冷却液为冷却介质;风冷式以空气为冷却介质。汽车发动机上多采用水冷却系统,只有某些越野车才采用风冷却系统,其如图 4-1-1 所示。

三、水冷却系统的组成

水冷却系统以水为冷却介质,它主要由散热器、水泵、节温器、电子风扇、膨胀水箱、发动机机体和气缸盖中的水套以及其他附属装置等组成,其结构如图 4-1-2 所示。

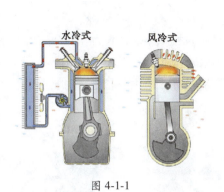

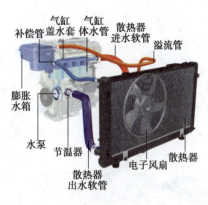

图 4-1-1

图 4-1-2

/任务二/ 认知与检修水泵及节温器

水泵是发动机冷却系统重要组成部分,它的功用是对冷却液加压,保证冷却液在冷却系统中循环流动。如今汽车发动机广泛采用离心式水泵,它是由泵壳、水泵盖、水泵轴、叶轮、水泵轴承、水封等组成。节温器是调节发动机冷却强度的主要装置,控制冷却系统实现大小循环。

知识目标

- 能描述水泵的作用和结构;
- 能解释水泵的工作原理;
- 能描述节温器的作用;
- 能解释大小循环路线。

技能目标

- 会拆装发动机冷却水泵;
- 会检修冷却水泵。

相关知识

一、水泵

1. 水泵的作用

水泵的作用是对冷却液加压,加速冷却液的循环流动,保证冷却可靠。车用发动机上多采用离心式水泵,离心式水泵具有结构简单、尺寸小、排水量大、维修方便等优点。

2. 水泵的结构

离心式水泵主要由泵体、叶轮和水泵轴组成,叶轮一般是径向或向后弯曲的,其数目一般为 6~9 片, 如图 4-2-1 所示。

3. 水泵的工作原理

当叶轮旋转时, 水泵中的冷却液被叶轮带动一起旋转, 在离心力作用下, 冷却液被甩向叶轮边缘, 然后经外壳上与叶轮成切线方向的出水管压送到发动机水套内。与此同时, 叶轮中心处的压力降低, 散热器中的冷却液经进水管被吸进叶轮中心部分。如此连续的作用, 使冷却液在水路中不断地循环, 如图 4-2-2 所示。

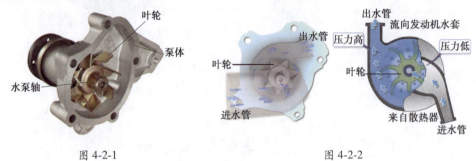

图 4-2-1

图 4-2-2

二、节温器

1. 节温器的作用及种类

节温器的作用是根据发动机在不同工况和不同使用条件下, 改变冷却液的循环流动路线, 改变冷却系统的散热能力, 即改变冷却强度, 从而保证发动机在最有利的温度状态下工作。改变冷却强度的方式通常有两种, 一种是改变通过散热器的空气流量, 另一种是改变冷却液的循环流量和循环范围。节温器有蜡式和乙醚皱纹筒式两种, 目前多数发动机采用蜡式节温器。

图 4-2-3

2. 蜡式节温器的结构

蜡式节温器在橡胶管和感应体之间的空间里装有石蜡, 为提高导热性, 石蜡中常掺有铜粉或铝粉, 其结构如图 4-2-3 所示。

3. 蜡式节温器的工作原理

常温时, 石蜡呈固态, 阀门压在阀座上。这时阀门关闭了通往散热器的水路, 来自发动机缸盖出水口的冷却液, 经水泵又流回气缸体水套中, 进行小循环, 如图 4-2-4 所示。

当发动机冷却液温度升高时, 石蜡逐渐变成液态, 体积随之增大, 迫使橡胶管收缩, 从而对反推杆上端头产生向上的推力。由于反推杆上端固定, 故反推杆对橡胶管、感应体产生向下反推力, 阀门开启, 进行混合循环, 如图 4-2-5 所示。

当发动机冷却液温度达到 80 ℃以上时, 阀门全开, 来自气缸盖出水口的冷却液流向散热器, 而进行大循环, 如图 4-2-6 所示。

主阀门
石蜡
副阀门

图 4-2-4

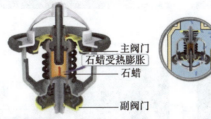

主阀门
石蜡受热膨胀
石蜡
副阀门

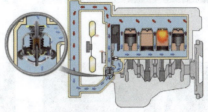

图 4-2-5

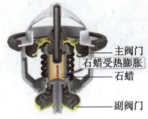

主阀门
石蜡受热膨胀
石蜡
副阀门

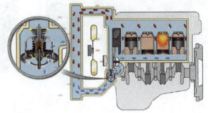

图 4-2-6

任务实施

训练 1　拆卸水泵

准备工作

实训车辆(科鲁兹 1.6L LDE)、120 件工具套、扭力扳手、集油盘、橡胶锤等。

操作要领

①打开发动机舱盖,拧开冷却液缓冲罐盖,如图 4-2-7 所示。

②安装车轮挡块、举升机垫块,确认位置准确后举升车辆并锁止,如图 4-2-8 所示。

③在发动机总成下面放置一个干净的集油盘,打开散热器的排放螺钉,排放冷却液。待冷却液排放干净后,解锁举升机,下降车辆,如图 4-2-9 所示。

④断开进气温度传感器线束插头,拆下空气滤清器出气管,如图 4-2-10 所示。

⑤拆下空气滤清器漏水管,如图 4-2-11 所示;拆下空气滤清器总成,如图 4-2-12 所示。

⑥拆下水泵皮带,如图 4-2-13 所示。

（a）　　　　　　　　　　　　　（b）

图 4-2-7

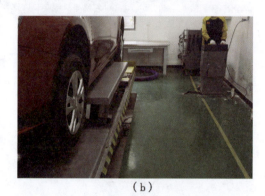

（a）　　　　　　　　　　　　　（b）

图 4-2-8

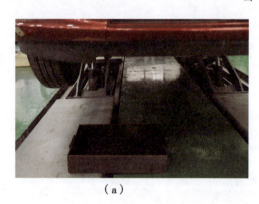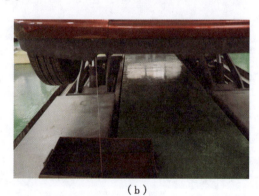

（a）　　　　　　　　　　　　　（b）

图 4-2-9

　　⑦拆下水泵皮带轮。松开 3 个水泵皮带轮螺栓,拆下 3 个水泵皮带轮螺栓,从水泵拆下水泵皮带轮,如图 4-2-14 所示。

　　⑧拆下水泵。拆下 5 个水泵螺栓,用橡胶锤轻敲水泵总成,小心取出水泵,如图 4-2-15 所示。

（a）

（b）

图 4-2-10

图 4-2-11

图 4-2-12

图 4-2-13

图 4-2-14

图 4-2-15

质量标准与

注意事项

115

训练 2　检测水泵

准备工作

本步骤无须使用工具。

操作要领

①检查水泵壳体:水泵壳体有无破损、渗漏、轴承承孔磨损;检查水泵叶轮:叶轮有无破损,如图 4-2-16 所示。

②检查水泵轴:水泵轴有无裂纹,有无弯曲;检查水泵轴承:转动水泵,检查水泵轴承的润滑情况是否良好,如图 4-2-17 所示。

质量标准与
注意事项

图 4-2-16

图 4-2-17

训练 3　装配水泵

准备工作

组合 120 件工具套、扭力扳手、密封胶、密封圈。

操作要领

①安装新的水泵密封圈。

②安装水泵,如图 4-2-18 所示。

③安装 5 个水泵螺栓并紧固至 8 N·m,如图 4-2-19 所示。

④安装水泵皮带轮,如图 4-2-20 所示。

⑤安装空气滤清器总成。

⑥重新加注冷却液,如图 4-2-21 所示。关闭空调,闭合散热器上的排放螺钉,拆下散热器上的通风螺钉并再次旋进螺纹。加满冷却液直到缓冲罐上排气喷嘴的底线,当冷却液停止下降时,加注冷却液直到管口下方的底线。启动发动机,在发动机启动后,立即加满冷却液至管口下方的底线并拧紧盖。直到冷却风扇运转,关闭发动机,等待发动机冷却。

图 4-2-18

图 4-2-19

图 4-2-20

图 4-2-21

质量标准与
注意事项

任务三　认知与检修冷却风扇

为了增强散热效果,在散热器后面装有冷却风扇,它置于散热器与发动机之间,其功用是将空气吸进散热器并吹向发动机外表,加速散热器中冷却液的降温,同时使发动机外表和附件得到适当的冷却。

知识目标

- 能说明风扇的作用和类型;
- 能解释温控开关型风扇的工作原理;
- 能解释微机控制风扇的工作原理。

技能目标

- 能独立完成冷却风扇的拆装;
- 能独立完成冷却风扇的清洗和检测。

相关知识

一、风扇的构造

1. 风扇的作用

风扇的作用是提高通过散热器芯的空气流速和流量,增加散热效果,加速冷却液的冷却。当风扇旋转时,对空气产生吸力,使之沿轴向流动。空气流由前向后通过散热器芯,使流经散热器芯的冷却液加速冷却,如图 4-3-1 所示。

2. 风扇的类型

风扇按驱动的动力可分为机械风扇和电动风扇,如图 4-3-2 所示。机械风扇安装在水泵轴上,由曲轴前端带轮通过 V 带驱动,其速度取决于带轮的大小和曲轴的转速。这种风扇不需要另外的驱动装置,其结构简单,但发动机冷起动性差,机械损失大。电动风扇安装在散热器上,用蓄电池作电源,采用传感器和电路系统来控制,由直流电动机驱动风扇的运转。

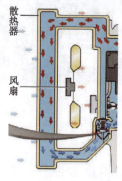

图 4-3-1

（a）机械风扇　　　　　　　　　（b）电动风扇

图 4-3-2

二、风扇的控制装置

风扇的控制装置用以控制风扇的运转与转速,改变流经散热器芯部的空气流量,从而调节冷却强度,保证发动机在最有利的温度范围内工作,提高发动机的使用寿命。同时还可以减少风扇的功率消耗,降低发动机噪声。

1. 机械风扇的控制装置

机械风扇的控制装置主要有硅油风扇离合器和电磁风扇离合器两种。

● 硅油风扇离合器:以硅油为介质,利用通过散热器芯、吹向风扇的气流温度高低改变风扇转速的风扇控制装置。硅油风扇离合器安装在风扇与水泵之间,如图 4-3-3 所示。

● 电磁风扇离合器:根据冷却液温度,通过水温感应开关和电路控制风扇运转的装置,如图 4-3-4 所示。

2. 电动风扇

轿车上采用双电动风扇的冷却系统,该系统风扇噪声小,功率低,冷却效果好。但结构复杂,成本高。

图 4-3-3

图 4-3-4

电动风扇以蓄电池为动力,其转速与发动机转速无关。电动机的开关由位于散热器的温度传感器控制或水温传感器控制,其结构如图 4-3-5 所示。

（1）温控开关控制电动风扇

驱动风扇的电动机有高速和低速两个挡位。如图 4-3-6 所示,当冷却液温度升至 92~97 ℃时,低速触点闭合,接通低速继电器电路,风扇低速运转;如图 4-3-7 所示,当冷却液温度上升到 99~105 ℃时,高速触点闭合,接通高速继电器电路,低速挡电阻被短路,风扇高速运转。

图 4-3-5

（2）微机控制电动风扇

如图 4-3-8 所示,微机控制电控风扇是通过水温传感器读取水温数据,将数据传输给 ECU,ECU 根据水温传感器的数据去控制风扇高、低速继电器工作,从而控制执行器(风扇)运行。

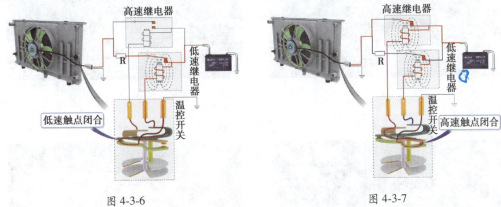

图 4-3-6

图 4-3-7

任务实施

训练 1　拆卸风扇

准备工作

实训车辆(科鲁兹 1.6LLDE)、120 件工具套、集油盘。

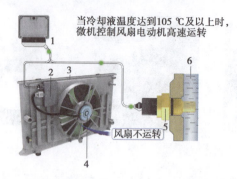

当冷却液温度达到105 ℃及以上时,微机控制风扇电动机高速运转

风扇不运转

1—ECU;2—风扇 IC;3—散热器;4—风扇电动机;5—冷却液温度传感器;6—冷却液

图 4-3-8

操作要领

①断开蓄电池负极电缆。将点火开关置于"OFF(关闭)"位置,松开蓄电池负极电缆螺母,从蓄电池上拆下蓄电池负极电缆,如图 4-3-9 所示。

②举升车辆。

③排空冷却液后下降车辆。

④松开软管卡箍,将散热器进口软管从散热器上断开,如图 4-3-10 所示。

图 4-3-9

图 4-3-10

⑤松开软管卡箍,将散热器出口软管从散热器上断开,如图 4-3-11 所示。

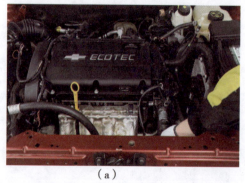

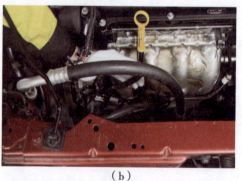

（a）

（b）

图 4-3-11

⑥将变速器油冷却器进口管和出口管从散热器上拆下,如图 4-3-12 所示。

（a）

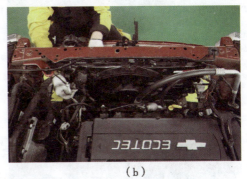
（b）

图 4-3-12

⑦断开发动机冷却风扇电阻线束连接器并拆下搭铁电缆螺母,如图 4-3-13 所示。

（a）

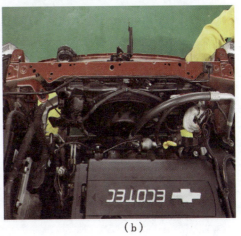
（b）

图 4-3-13

⑧断开空调压力传感器线束并松开卡夹,拆下线束,切断 4 个卡夹,如图 4-3-14 所示。

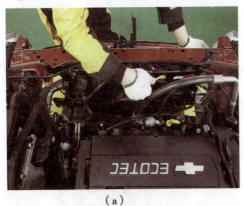
（a）

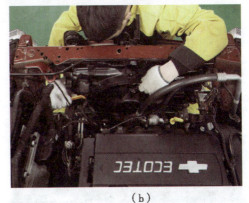
（b）

（c）

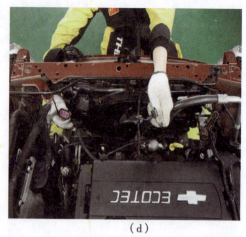
（d）

图 4-3-14

⑨将发动机冷却风扇护罩从 4 个安装点松开,如图 4-3-15 所示。

（a）

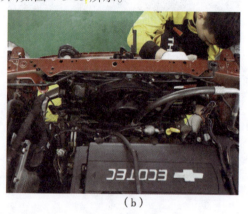
（b）

图 4-3-15

⑩拆下发动机冷却风扇护罩,如图 4-3-16 所示。

⑪通过松开固定卡夹,将发动机冷却风扇电阻线束从护罩上松开,拆下发动机冷却风扇电阻,如图 4-3-17 所示。

图 4-3-16

图 4-3-17

⑫将发动机冷却风扇正、反面螺栓从发动机冷却风扇上拆下,如图 4-3-18 所示。(注意:螺栓为反向螺栓)

（a）

（b）

图 4-3-18

质量标准与
注意事项

⑬拆下发动机冷却风扇,如图 4-3-19 所示。

训练 2　检测风扇

准备工作

组合 120 件工具套。

操作要领

①检测发动机冷却风扇护罩是否有裂纹、变形、损坏。

图 4-3-19

质量标准与
注意事项

②检测发动机冷却风扇扇叶是否有裂纹、变形、损坏。

③检测发动机冷却风扇线束及插头是否老化、破裂、损坏。

训练 3　装配

准备工作

组合 120 件工具套、扭力扳手。

操作要领

①安装发动机冷却风扇。

②将发动机冷却风扇发动机螺栓安装至发动机冷却风扇上并紧固。

③将发动机冷却风扇电阻线束卡入护罩。

④通过夹紧固定卡夹,安装发动机冷却风扇电阻。

⑤安装发动机冷却风扇护罩。

⑥将发动机冷却风扇护罩夹到 4 个安装点。

⑦连接发动机冷却风扇电阻线束连接器。

⑧安装线束,安装 4 个新的卡夹。

⑨安装搭铁电缆和搭铁电缆螺母,并紧固至 10 N·m。

⑩将变速器油冷却器进口管和变速器油冷却器出口管安装至冷却液散热器上,如图 4-3-20 所示。

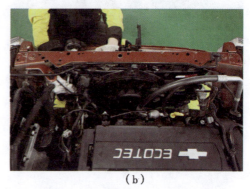

（a）　　　　　　　　　　　　　　（b）

图 4-3-20

⑪安装散热器进出口软管,并打密封胶,如图 4-3-21 所示。

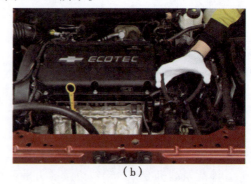

（a）　　　　　　　　　　　　　　（b）

图 4-3-21

⑫连接蓄电池负极电缆,如图 4-3-22 所示。

⑬加注冷却液。

（a）　　　　　　　　　　　　　　（b）

质量标准与
注意事项

图 4-3-22

/任务四/　认知与检修散热器

散热器俗称水箱,是发动机冷却系统重要的组成部分,用于增大散热面积,加速冷却液的冷却。

知识目标

- 能描述散热器的作用和工作原理;
- 能描述散热器盖的作用;
- 能说明膨胀水箱的作用。

技能目标

- 能独立完成发动机散热器的拆卸;
- 能独立完成发动机散热器的清洗和检测;
- 能正确装配散热器并达到质量标准。

相关知识

一、散热器的功用和材料

散热器的功用是增大散热面积,从而加速冷却液的冷却。冷却液经过散热器后,其温度可降低 10~15 ℃。为了将散热器传出的热量尽快带走,在散热器后面装有风扇与散热器配合工作。散热器芯一般用铜或铝制成。

二、散热器的散热原理

高温的冷却液流过散热器芯管后,通过散热片将冷却液的热量散发到大气中去,从而使冷却液温度降低,其原理如图 4-4-1 所示。

图 4-4-1

三、散热器的构造

散热器又称为水箱,其根据冷却液在散热芯流动的方向可分为横流式和纵流式两种,如图 4-4-2 所示。横流式散热器芯横向布置,左右两端分别为进、出水室;纵流式散热器芯竖直布置,上接进水室,下接出水室。

无论是纵流式还是横流式,散热器的基本组成为上(左)储水室、散热器芯和下(右)储水室等,如图 4-4-3 所示。

散热器芯由许多冷却管和散热片组成。对于散热器芯应该有尽可能大的散热面积,采用散热片是为了增加散热器芯的散热面积。散热器芯的构造形式有多样,常用的有管片式和管带式两种,如图 4-4-4 所示。

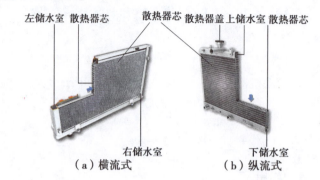

（a）横流式　　　　　　　　（b）纵流式

图 4-4-2

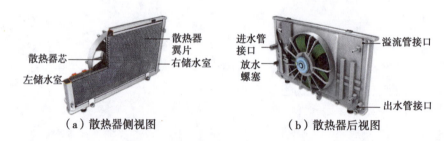

（a）散热器侧视图　　　　　　　（b）散热器后视图

图 4-4-3

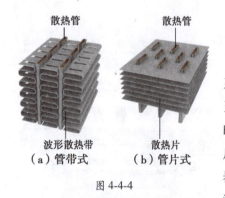

波形散热带　　　　散热片
（a）管带式　　　　（b）管片式

图 4-4-4

四、散热器盖

目前汽车发动机多采用闭式水冷系统,这种冷却系统的散热器盖具有空气—蒸汽阀,如图 4-4-5 所示。当发动机温度升高,散热器中压力达到 $126 \sim 137$ kPa 时(此压力下,冷却液的沸点可达 108 ℃)蒸汽阀开启,水蒸气从蒸汽阀经通气口排入膨胀水箱,使散热器内的压力下降到规定值,避免散热器破裂;当冷却液温度下降,散热器内压力低于 $10 \sim 20$ kPa 时,空气阀被大气压力推开,空气从通气口进入冷却系,以防止散热器芯被大气压坏。

冷却液高温时　　　　　　　　　冷却液降温后

图 4-4-5

五、膨胀水箱

加注防锈防冻液的汽车发动机，为了减少冷却液的损失，保证冷却系统正常工作，都装有膨胀水箱。膨胀水箱的上方用一根软管接通大气，另一根软管与散热器的溢流管相连，如图 4-4-6 所示。

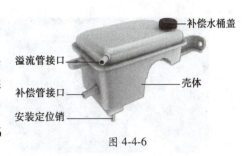

图 4-4-6

当散热器内压力升高到某一值时，散热器盖上的蒸汽阀打开，冷却液通过蒸汽阀和溢流管进入膨胀水箱，如图 4-4-7 所示。当散热器内压力下降到某一值时，冷却液又从膨胀水箱通过真空阀流回到散热器内部，如图 4-4-8 所示。这样可以防止冷却液损失，同时防止空气不断地进入系统。膨胀水箱内部印有两条液面高度标记线，膨胀水箱内的液面高度应位于这两条刻线之间。

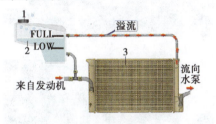

1—膨胀水箱盖；2—膨胀水箱；3—散热器

图 4-4-7

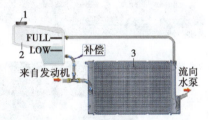

1—膨胀水箱盖；2—膨胀水箱；3—散热器

图 4-4-8

任务实施

训练 1　拆卸散热器

准备工作

实训车辆（科鲁兹 1.6LLDE）、150 件工具套、集油盘。

操作要领

①断开蓄电池负极电缆。

②拆下前保险杠蒙皮开口下盖、螺栓、固定件，拆卸两侧的前轮罩衬板螺栓，拆卸下加强螺栓，小心将前保险杠蒙皮向外拉出，从而将固定凸舌从前保险杠蒙皮导板上松开，断开所有电气连接器，拆下前保险杠蒙皮，如图 4-4-9 所示。

③拆下前进气管螺栓和进气管，如图 4-4-10 所示。

图 4-4-9

（a）

（b）

（c）

图 4-4-10

④拆下散热器格栅固定框，如图 4-4-11 所示。

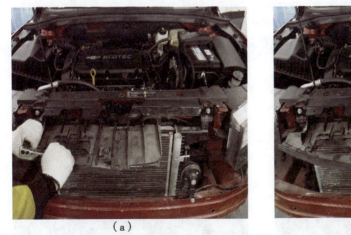
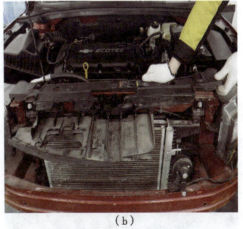

（a）

（b）

图 4-4-11

⑤断开空调压力传感器线束并松开卡夹，如图 4-4-12 所示。

⑥从增压空气冷却器上拆下 2 块护板，如图 4-4-13 所示。

 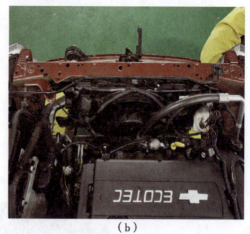

（a）　　　　　　　　　　　　　（b）

图 4-4-12

（a）　　　　　　　　　　　　　（b）

图 4-4-13

⑦松开卡软管卡箍，将散热器出口软管和散热器进口软管从散热器上断开。

⑧将变速器油冷却器进口管和出口管从散热器上拆下。

⑨将发动机冷却风扇护罩从散热器上松开。

⑩拆下 2 个散热器上托架螺栓和 2 个散热器上托架，如图 4-4-14 所示。

（a）　　　　　　　　　　　　　（b）

图 4-4-14

⑪从2个下托架上拆下散热器,如图4-4-15所示。

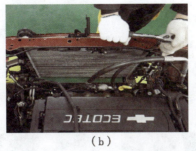

质量标准与
注意事项

（a）　　　　　　　　（b）　　　　　　　　（c）

图 4-4-15

⑫松开增压空气冷却器与散热器卡夹,取出散热器,如图4-4-16所示。

训练2　检测散热器

准备工作

压力测试器、抹布。

操作要领

①检查散热片有无变形和脏污,如图4-4-17所示。

②检查冷却系统管路有无泄漏。

a. 将发动机预热,在冷却液缓冲罐盖上包上湿抹布,小心打开散热器盖或膨胀箱盖,如图4-4-18所示。

图 4-4-16

图 4-4-17　　　　　　　　　　　　图 4-4-18

质量标准与
注意事项

b. 将冷却系统压力测试器安装在散冷却液缓冲罐上。

c. 使用手动真空泵产生约0.2 MPa的压强。

d. 如果压强迅速下降,说明冷却系统有泄漏,应找出泄漏位置并排除故障。

训练 3　装配散热器

准备工作

150 件工具套。

操作要领

①将散热器安装至 2 个下托架,如图 4-4-19 所示。

（a）

（b）

图 4-4-19

②安装 2 个散热器上托架,并紧固上托架螺栓至 22 N·m,如图 4-4-20 所示。

③连接发动机散热器进水管,如图 4-4-21 所示。

图 4-4-20

图 4-4-21

④将散热器出口软管和散热器进口软管卡箍装配好,如图 4-4-22 所示。

（a）

（b）

图 4-4-22

⑤将变速器油冷却器进出口管安装至散热器,如图 4-4-23 所示。

⑥将 2 块护板安装至增压空气冷却器。

⑦连接并卡紧空调压力传感器线束。

⑧安装散热器格栅固定框,如图 4-4-24 所示。

⑨安装前进气管,如图 4-4-25 所示。

⑩安装前保险杠蒙皮,如图 4-4-26 所示。

⑪连接蓄电池负极电缆,如图 4-4-27 所示。

⑫加注冷却液。

图 4-4-23

图 4-4-24

图 4-4-25

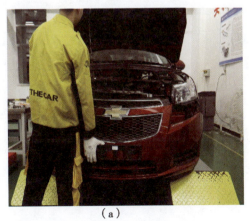

（a）

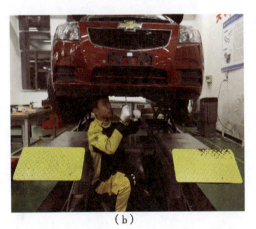

（b）

图 4-4-26

质量标准与

注意事项

（a）

（b）

图 4-4-27

项目五 ｜ 认知与检修润滑系统

发动机润滑系统在发动机工作时连续不断地把足够清洁干净的润滑油输送到相对运动部件的摩擦表面,并在摩擦表面之间形成油膜,实现液体摩擦,从而减小摩擦阻力、降低功率消耗、减轻部件磨损,达到提高发动机工作可靠性和耐久性的目的。

/任务一/ 认知发动机润滑系统

发动机润滑系统的作用是给发动机的摩擦表面提供清洁、充分的润滑油,同时冷却零件表面,带走表面杂质,减少发动机各零部件间的摩擦阻力,从而减少磨损,提高发动机的可靠性和使用寿命。

知识目标
- 能说明发动机机润滑系统的作用;
- 能描述发动机的润滑方式;
- 能描述发动机润滑系统的组成。

任务实施

一、发动机润滑系统的组成

发动机润滑系统主要由机油滤清器、机油泵、油底壳、机油喷嘴、油路等组成,如图 5-1-1所示。

二、发动机润滑系统的作用

发动机工作时,各运动零件均以一定的力作用在另一个零件上,并且发生高速的相对运动。由于有了相对运动,零件表面必然要产生摩擦,加速磨损。因此,为了减轻磨损,减小摩擦阻力,延长使用寿命,发动机上都必须有润滑系统。润滑系统的作用如下:

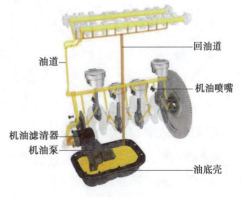

油道 — 回油道
机油喷嘴
机油滤清器
机油泵
油底壳

图 5-1-1

①润滑作用。润滑运动零件表面,减小摩擦阻力和磨损,减小发动机的功率消耗。

②清洗作用。机油在润滑系统内不断循环,清洗摩擦表面,带走磨屑和其他异物。

③冷却作用。机油在润滑系统内循环时带走因摩擦产生的热量。

④密封作用。在运动零件之间形成油膜,提高它们的密封性,有利于防止漏气或漏油。

⑤防锈蚀作用。在零件表面形成油膜,对零件表面起保护作用,防止腐蚀生锈。

⑥液压作用。机油还可用作液压油,如液压挺柱,起液压作用。

⑦减振缓冲作用。在运动零件表面形成油膜,吸收冲击并减小振动,起减振缓冲作用。

三、发动机润滑系统的润滑方式

发动机各运动零件的工作条件不同,对润滑强度的要求也就不同,因而要相应地采取不同的润滑方式。发动机一般采用下面3种润滑方式。

1. 压力润滑

利用机油泵,将具有一定压力的机油源源不断地送往摩擦表面。例如,曲轴主轴承、连杆轴承及凸轮轴轴承等处承受的载荷及相对运动速度较大,需要以一定压力将机油输送到摩擦面的间隙中,方能形成油膜以保证润滑,这种润滑方式称为压力润滑。

2. 飞溅润滑

利用发动机工作时运动零件飞溅起来的油滴或油雾来润滑摩擦表面的润滑方式称为飞溅润滑。这种润滑方式可使裸露在外面承受载荷较轻的气缸壁,相对滑动速度较小的活塞销,以及配气机构的凸轮表面、挺柱等得到润滑。

3. 定期润滑

发动机辅助系统中有些零件则只需定期加注润滑脂(黄油)进行润滑,如水泵及发电机轴承就是采用这种方式定期润滑。近年来在发动机上也采用含有耐磨润滑材料(如尼龙、二硫化钼等)的轴承来代替加注润滑脂的轴承。

四、润滑剂

发动机的润滑剂有机油和润滑脂两种。机油也称为润滑油,品种很多。

汽油发动机和柴油发动机使用的机油不同,汽油发动机润滑系统使用的机油俗称汽油机机油,柴油发动机润滑系统使用的机油俗称柴油机机油,如图5-1-2所示。

机油的黏度随温度变化而变化,温度高则黏度小,温度低则黏度大。因此,要根据季节选用不同牌号的机油。

五、发动机润滑系统的油路

现代汽车发动机润滑系统的组成及油路布置方案大致相似,只是由于润滑系统的工作条件和具体结构的不同而稍有差别。

发动机的润滑部位主要有曲柄连杆机构、配气机构以及正时齿轮室,如图5-1-3所示。发动机的润滑油从油底壳到集滤器、机油泵,一路通过机油主油道、粗滤器、曲轴主轴颈、连杆轴颈、凸轮轴等部位,另一路通过细滤器流回油底壳,如图5-1-4所示。

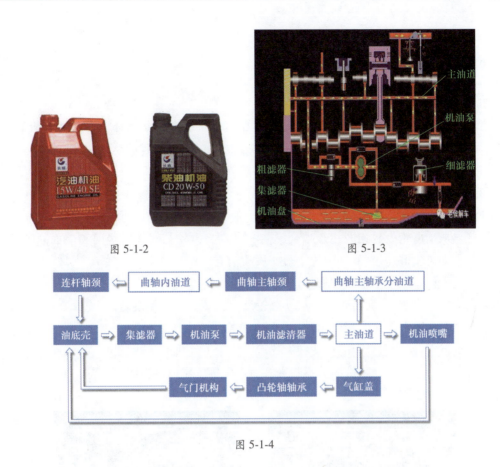

图 5-1-2

图 5-1-3

```
连杆轴颈 ⟸ 曲轴内油道 ⟸ 曲轴主轴颈 ⟸ 曲轴主轴承分油道
   ⇓                                              ⇑
油底壳 ⟹ 集滤器 ⟹ 机油泵 ⟹ 机油滤清器 ⟹ 主油道 ⟹ 机油喷嘴
   ⇑                                    ⇓
   气门机构 ⟸ 凸轮轴轴承 ⟸ 气缸盖
```

图 5-1-4

/任务二/　认知与检修机油泵

　　机油泵是整个润滑系统中机油运行的动力源。机油泵把一定量的机油压力升高,强制性地将机油压送到发动机各摩擦表面。

　　知识目标

- 能描述机油泵的结构和类型;
- 能说明机油泵的作用。

　　技能目标

- 会正确识别机油泵的类型;
- 会正确拆装和检修机油泵;
- 具有查阅维修手册的习惯,能看懂维修手册;
- 能规范使用工具、量具和设备,培养安全文明生产的意识。

相关知识

一、机油泵的结构

机油泵的作用是提高机油压力,保证机油在润滑系统内不断循环。目前发动机润滑系统中广泛采用的是外齿轮式机油泵、内齿轮式机油泵和转子式机油泵 3 种。

1. 外齿轮式机油泵

(1) 外齿轮式机油泵的构造

外齿轮式机油泵由主动轴、主动齿轮、从动轴、从动齿轮、壳体等组成,如图 5-2-1 所示。主动齿轮与从动齿轮齿数相同相互啮合,装在壳体内,齿轮与壳体的径向和端面间隙很小。主动轴与主动齿轮键连接,从动齿轮空套在从动轴上。

(2) 外齿轮式机油泵的工作原理

当发动机工作时,主动齿轮带动从动齿轮反向旋转。两齿轮旋转时,充满在齿轮齿槽间的机油沿油泵壳壁由进油腔带到出油腔,在进油腔一侧由于齿轮脱开啮合以及机油被不断带出而产生真空,使油底壳内的机油在大气压力作用下经机油集滤器进入进油腔;而在出油腔一侧由于齿轮进入啮合和机油被不断带入而产生挤压作用,机油以一定压力被泵出,如图 5-2-2 所示。

图 5-2-1　　　　　　　　　　　　　　图 5-2-2

2. 内齿轮式机油泵

(1) 内齿轮式机油泵的构造

内齿轮式机油泵由外齿轮(主动齿轮)、内齿轮(从动齿轮)、限压阀、泵盖和泵壳等组成,如图 5-2-3 所示。主动齿轮为一较小的外齿轮,一般直接由曲轴驱动;从动齿轮为一较大的内齿轮。

(2) 内齿轮式机油泵的工作原理

当发动机工作时,主动齿轮(外齿轮)随曲轴一起转动并带动从动齿轮(内齿轮)以相同的方向旋转。内、外齿轮在转到进油口处时开始逐渐脱离啮合,并沿旋转方向两者形成的空间逐渐增大,产生一定的真空度,将机油从油泵进油口吸入。随着齿轮的继续旋转,月牙块将内、外齿轮隔开,齿轮旋转时把齿间所存的油带往出油口。在靠近出油口处,内、外齿轮间的空间逐渐减小,油压升高,机油从油泵出油口送往发动机油道中,内、外齿轮又重新啮合,如图 5-2-4 所示。

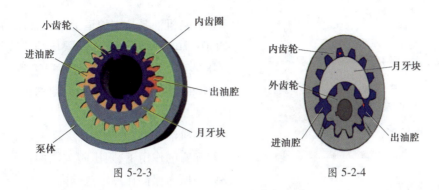

图 5-2-3　　　　　　　　　　　　图 5-2-4

3. 转子式机油泵

（1）转子式机油泵的构造

转子式机油泵由壳体、内转子、外转子和泵盖等组成，如图 8-26 所示。内转子用键或销子固定在转子轴上，由曲轴齿轮直接或间接驱动，内转子和外转子中心的偏心距为 e，内转子带动外转子一起沿同一方向转动。内转子有 4 个凸齿，外转子有 5 个凹齿，这样内、外转子便会同向不同步地旋转，如图 5-2-5 所示。

（2）转子式机油泵的工作原理

转子齿形齿廓设计得使转子转到任何角度时，内、外转子每个齿的齿形廓线上总能互相成线接触。这样内、外转子间形成 4 个工作腔，随着转子的转动，这 4 个工作腔的容积是不断变化的。在进油道的一侧空腔，由于转子脱开啮合，容积逐渐增大，产生真空，机油被吸入，转子继续旋转，机油被带到出油道的一侧。这时，转子正好进入啮合，使这一空腔容积减小，油压升高，机油从齿间挤出并经出油道压送出去。这样，随着转子的不断旋转，机油就不断地被吸入和压出，如图 5-2-6 所示。

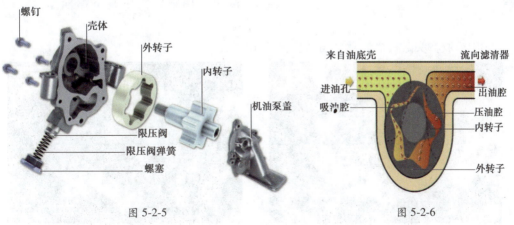

图 5-2-5　　　　　　　　　　　　图 5-2-6

转子式机油泵结构紧凑，外形尺寸小，质量轻，吸油真空度较大，泵油量大，供油均匀性好，成本低，在中、小型发动机上应用广泛。

二、油路压力的调节

油路压力的调节是利用限压阀来进行调节的。限压阀用于限制润滑系统中机油的最高

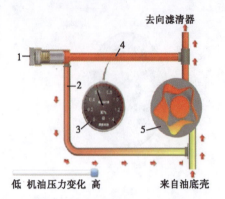

去向滤清器

1—限压阀;2—回油道;3—机油压力表;
4—主油道;5—机油泵

图 5-2-7

压力。当机油泵与主油道上的机油压力超过预定的压力时,机油压力克服限压阀弹簧作用力,顶开阀门,一部分机油从侧面通道流入油底壳内,使油道内的油压下降至设定的正常值,其结构如图5-2-7所示。

当机油油路中的压力恢复正常值后,在限压阀弹簧的作用下,限压阀关闭回油管路,使油路中的压力保持在一定范围内。

任务实施

训练 1　拆卸机油泵

图 5-2-8

准备工作

雪佛兰科鲁兹 LDE 发动机附翻转架、组合工具 120 件套装、指针式扭力扳手、橡胶锤等,如图 5-2-8 所示。

操作要领

①拆下发动机前盖和机油泵的 8 个螺栓,先用指针式扭力扳手分次对角拧松机油泵盖螺栓,然后用棘轮扳手旋下螺栓,如图 5-2-9 所示。

②用橡胶榔头敲松机油泵总成,如图5-2-10 所示。

（a）

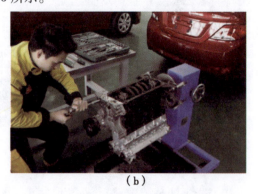
（b）

图 5-2-9

③拆下包含机油泵的发动机前盖,如图 5-2-11 所示。

图 5-2-10

图 5-2-11

④拆下机油泵衬垫，如图 5-2-12 所示。

⑤用棘轮扳手拆下机油泵盖并取出内、外部转子，如图 5-2-13 所示。

⑥将取下的零件摆放整齐，如图 5-2-14 所示。

图 5-2-12

（a）

（b）

图 5-2-13

（a）

（b）

图 5-2-14

质量标准与
注意事项

训练 2　检测机油泵

准备工作

厚薄规、机油壶、刀口尺、毛巾、吸油纸等,如图 5-2-15 所示。

操作要领

①目视检查机油泵外部和内部转子部件,如图 5-2-16 所示。

图 5-2-15

图 5-2-16

②临时安装机油泵外部和内部转子,如图 5-2-17 所示。

③选择相应规格的塞尺,如图 5-2-18 所示。

图 5-2-17

图 5-2-18

④检查转子相对发动机前盖壳体上缘的轴向间隙(厚薄规和刀口尺),如图 5-2-19 所示。

⑤检查外转子相对发动机前盖壳体内缘的间隙(厚薄规),如图 5-2-20 所示。

⑥检测完以后,将零件摆放整齐,如图 5-2-21 所示。

图 5-2-19

图 5-2-20

图 5-2-21

质量标准与
注意事项

训练 3　装配机油泵

准备工作

组合工具 120 件套装、预置式扭力扳手、机油壶、橡胶锤等。

操作要领

①安装机油泵的内、外部转子,并打上清洁的润滑油,如图 5-2-22 所示。

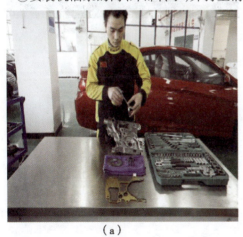

（a）　　　　　　　　　　　　　（b）

图 5-2-22

②安装机油泵盖螺栓并紧固至 8 N·m,如图 5-2-23 所示。

③安装机油泵的衬垫,如图 5-2-24 所示。

④安装机油泵的发动机前盖,如图 5-2-25 所示。

⑤安装 8 个发动机前盖螺栓并紧固至 20 N·m,如图 5-2-26 所示。

图 5-2-23　　　　　　　　　　　　图 5-2-24

质量标准与
注意事项

图 5-2-25　　　　　　　　　　　　图 5-2-26

项目六 | 认知与检修燃油供给系统

汽车发动机燃油供给系统对发动机正常运行起着必不可少的重要作用。当燃油供给系统工作时,燃油通过燃油泵从油箱中泵出,经过燃油滤清器,除去杂质及水分后,再经燃油总管送至燃油分配管,送至各缸喷油器。喷油器根据 ECU 的喷油指令,开启喷油阀,将适量的燃油喷于进气歧管内,待到进气行程时,再将燃油混合气吸入气缸中,以维持发动机正常运转。

任务一 认知汽油发动机燃油供给系统

汽油发动机燃油供系统可分为传统化油器式供给系统与汽油喷射系统两大类。因汽油喷射式发动机动力性、经济性较好,排污少等优势,传统化油器式汽油机已很少使用,基本已被淘汰。

知识目标

- 能说明燃油供给系统的作用;
- 能阐述燃油供给系统的工作原理;
- 能描述燃油供给系统的类型。

任务实施

一、汽油发动机燃油供给系统的作用

燃油供给系统为发动机的运转提供条件,是决定发动机性能优劣的重要系统。汽油机燃油供给系统的作用:根据发动机不同工况的要求,配制出一定数量和浓度的可燃混合气供入气缸,使之在临近压缩终了时点火燃烧而膨胀做功;然后,供给系统还应将燃烧产物——废气排入大气中。

二、汽油发动机燃油供给系统的类型

汽油发动机燃油供给系统可分为化油器式燃油供给系统和汽油喷射式燃油供给系统两类。

化油器式燃油供给系统的作用是根据发动机不同工况的要求,配制出一定数量和浓度的可燃混合气,将其送入气缸,并在燃烧做功后,将废气排入大气,如图 6-1-1 所示。

汽油喷射式燃油供给系统的作用是供给喷油器一定压力的汽油,喷油器则根据 ECU 指令喷油,如图 6-1-2 所示。

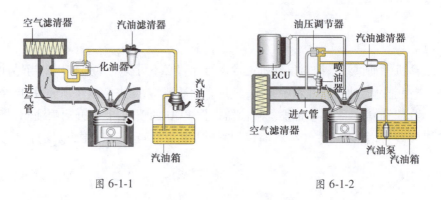

图 6-1-1   图 6-1-2

化油器式燃油系统具有供电快速响应性、均匀性较差,油耗高,排污量大等缺点,现已逐渐淘汰,现代汽车广泛采用的电子控制燃油喷射系统。

三、电子控制燃油喷射系统

1. 电子控制燃油喷射系统的基本组成

电子控制燃油喷射系统由空气供给系统、控制系统、燃油供给系统组成。

● 空气供给系统:测量和控制燃油燃烧所需的空气量,为可燃混合气的形成提供必需的空气。其主要由空气滤清器、空气计量装置、怠速控制阀、节气门体及进气歧管等组成,如图 6-1-3 所示。

● 控制系统:电控单元根据发动机工况参数确定燃油喷射量及最佳喷射时刻。其主要由 ECU 及各种传感器、执行器组成。

● 燃油供给系统:向气缸提供组成可燃混合气所需要的燃油,其主要由燃油箱、燃油滤清器、燃油泵、燃油分配管、燃油压力调节器、喷油器、进回油管等组成,如图 6-1-4 所示。

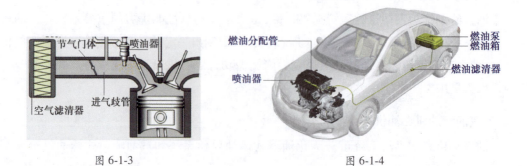

图 6-1-3   图 6-1-4

2. 电子控制燃油喷射系统的工作原理

电子控制燃油喷射系统能根据发动机运行工况对空燃比进行精确控制。如图 6-1-5 所示，当发动机运行时，电控单元（ECU）根据空气流量、发动机转速等信号，计算出所需的燃油量，并在合适的时刻打开喷油器，向进气道喷射适量的燃油，与空气混合后送入气缸。为了减少排放污染，还设置了活性炭罐、三元催化转换、废气再循环等装置进行控制。与化油器式燃油系统相比，电子控制燃油喷射系统主要具有低油耗、低排气污染、转矩及功率输出高、低温起动性好、工况过渡圆滑、加速性好等优点。

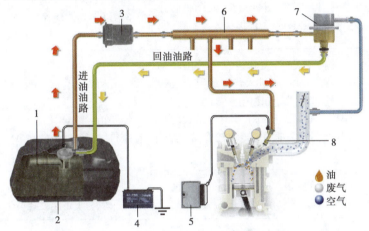

1—汽油泵；2—汽油箱；3—汽油滤清器；4—蓄电池；5—ECU；

6—燃油分配管；7—汽油压力调节器；8—喷油器

图 6-1-5

四、汽油发动机可燃混合气浓度及不同工况对混合气的要求

可燃混合气浓度可以用空燃比 R 或过量空气系数 α 来表示。空燃比是单位质量混合气中空气质量与燃油质量的比值，即

$$R = \frac{\text{混合气中空气质量}}{\text{混合气中燃油质量}} \tag{6-1}$$

理论上 1 kg 汽油完全燃烧需要 14.7 kg 的空气，这种空燃比 $R=14.7$ 的混合气称为标准混合气；$R>14.7$ 的混合气称为稀混合气；$R<14.7$ 的混合气称为浓混合气。

一般采用过量空气系数 α 表示可燃混合气浓度。过量空气系数 α 是指燃烧过程中 1 kg 燃料实际供给的空气质量与 1 kg 燃料理论上完全燃烧所需要的空气质量之比，即

$$\alpha = \frac{\text{燃烧 1 kg 燃料所实际供给的空气质量}}{\text{1 kg 燃料理论上完全燃烧所需要的空气质量}} \tag{6-2}$$

$\alpha=1$ 的可燃混合气称为标准混合气；$\alpha>1$ 的可燃混合气称为稀混合气；$\alpha<1$ 的可燃混合气称为浓混合气。

汽油发动机不同工况对可燃混合气浓度的要求见表 6-1-1。

表 6-1-1　汽油发动机不同工况对可燃混合气浓度的要求

工　况	状态特征	对混合气的要求
启动工况	冷车启动,曲轴运转慢,发动机温度低,化油器内气流速度小,汽油雾化、蒸发不良,大量汽油处于油粒和油膜状态,只有极少量已挥发的汽油进入气缸	必须供给多而浓的混合气($\alpha = 0.2 \sim 0.6$),以保证有足够的汽油汽化,形成恰当浓度的混合气,从而利于顺利着火
怠速工况	节气门开度小,进气量少,发动机转速低,汽油雾化、蒸发条件仍很差	需要量少而浓的混合气($\alpha = 0.6 \sim 0.8$),以提高燃烧速度,保证发动机能稳定运转
中小负荷工况	小负荷工况时,发动机对外输出功率小,节气门开度小,进入气缸的混合气数量少,气缸残留废气比例高	需要稍浓混合气($\alpha = 0.7 \sim 0.9$),以利燃烧
	中等负荷是发动机工作时间最长的状态,节气门开度适中,转速较高,汽油雾化、蒸发良好	需要稍稀混合气($\alpha = 0.9 \sim 1.1$),以保证获得一定的动力性和最佳经济性
大负荷全负荷工况	汽车要克服很大的阻力,节气门开度已达85%以上,进气量很多	需要多而浓的混合气($\alpha = 0.85 \sim 0.98$),以利于迅速燃烧产生最大动力
加速工况	节气门突然开大,要求发动机转速迅速提高,由于空气流量比汽油喷出量增长快得多,此时不仅不能加速,甚至会导致发动机熄火	在突然开大节气门的同时,要额外供给一定数量的汽油,以加浓混合气,从而保证迅速提高发动机的动力

五、汽油发动机电控燃油喷射系统的类型

汽油喷射技术早在 20 世纪 30 年代就用于军用飞机上,1954 年德国奔驰公司在奔驰 300SL 上装了机械式汽油喷射系统(K 型),到 20 世纪 50 年代末期,大多数赛车都已经采用了汽油喷射作为燃油输送系统。

目前,汽车工业发达的国家在汽油车上均采用汽油喷射系统,以满足日益严格的排放要求。

1. 按喷油器的安装部位分类

汽油发动机电控燃油喷射系统按喷油器的安装部位可分为缸内喷射和进气管喷射两种。

●缸内喷射:如图 6-1-6 所示,该系统将喷油器直接安装在气缸盖上,汽油直接喷入气缸。与柴油发动机的喷油器类似,这种喷射压力较高,所以对供油装置要求也比较高,成本相应也比较高。

●进气管喷射:如图 6-1-7 所示,该系统将喷油器安装在进气总管或进气歧管上,是目前

采用较广泛的方式。汽油被喷入进气总管或进气歧管内,在进气总管或进气歧管内与空气混合形成可燃混合气,在进气行程时被吸入气缸。

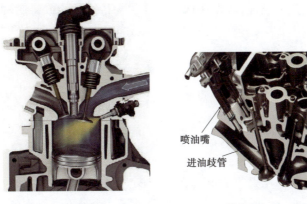

图 6-1-6　　　　　　　图 6-1-7

2. 按喷油器的布置方式分类

汽油发动机电控燃油喷射系统按喷油器的布置方式可分为单点喷射和多点喷射两种。

• 单点喷射方式(SPI):在进气道节气门的上方安装 1~2 个喷油器集中喷射。单点喷射又称节气门体喷射,这种喷射也存在各缸混合气分配浓稀不均的问题。现在这种喷射系统已经不再使用。

• 多点喷射方式(MPI):每一个气缸设置一个喷油器或每两个气缸合用一个喷油器,这种系统可以保证各缸的混合气浓度的一致性和分配的均匀性,如图 6-1-8 所示。

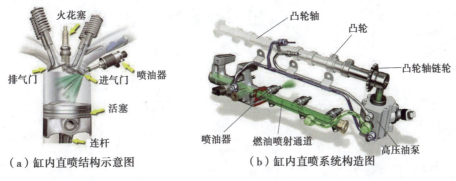

（a）缸内直喷结构示意图　　　　　（b）缸内直喷系统构造图

图 6-1-8

六、汽油发动机稀薄燃烧技术与缸内直喷技术

汽油发动机稀薄燃烧技术的前提是发动机采用缸内直喷技术,缸内直喷技术是将高压汽油直接喷入气缸内部,其喷油器直接安装在燃烧室上方,而且喷油压力更高,喷射控制更加精确,缸内直喷如图 6-1-8 所示。

有了缸内直喷技术,稀薄燃烧技术才能得以实现。所谓稀薄燃烧指的是空燃比远远大于 14.7 的稀薄混合气仍能顺利点燃。稀薄燃烧发动机就是混合气中的汽油含量低,汽油与空气之比可达 1∶25 以上的发动机。稀薄燃烧技术的最大特点就是燃烧效率高,经济、环保,同时还可以提升发动机的输出功率。因为在稀薄燃烧的条件下,由于混合气点火比较困难,爆燃也就更不容易发生,因此可以采用较高的压缩比设计提高热能转换效率,再加上汽油能在过量的空气里充分燃烧,所以在这些条件的支持下能榨取每滴汽油的所有能量。实现稀薄燃烧的关键技术归纳起来有以下3个主要方面:

1. 提高压缩比

采用紧凑型燃烧室,通过进气口位置改进使缸内形成较强的空气运动旋流,提高气流速度;将火花塞置于燃烧室中央,缩短点火距离;提高压缩比至13:1左右,促使燃烧速度加快。

2. 空燃比达到25:1以上

空燃比达到25:1以上,按照常规是无法点燃的,因此必须采用由浓至稀的分层燃烧方式。通过缸内空气的运动在火花塞周围形成易于点火的浓混合气,空燃比达到12:1左右,外层逐渐稀薄。浓混合气点燃后,燃烧迅速波及外层。为了提高燃烧的稳定性,降低氮氧化物(NO_x),现在采用燃油喷射定时与分段喷射技术,即将喷油分成两个阶段,进气初期喷油,燃油首先进入缸内下部随后在缸内均匀分布;进气后期喷油,浓混合气在缸内上部聚集在火花塞四周被点燃,实现分层燃烧。

3. 高能点火

高能点火和宽间隙火花塞有利于火核形成,火焰传播距离缩短,燃烧速度增快,稀燃极限大。有些稀燃发动机采用双火花塞或者多极火花塞装置来达到上述目的。

/任务二/ 认知与检修空气供给部分

汽油发动机空气供给装置主要是根据发动机工况的变化供给适量、清洁空气,并在进气歧管内的进气门附近混合成符合要求的可燃混合气,同时将燃烧产生的废气排出气缸。

知识目标
- 能描述空气供给装置的组成;
- 能说明空气供给装置各主要零件的结构。

技能目标
- 会拆卸空气供给装置;
- 会检测空气供给装置;
- 会装配空气供给装置。

相关知识

一、空气供给系统的作用

汽油发动机空气供给系统的主要作用是根据发动机的负荷需要,及时地将新鲜空气送入进气管并与燃油充分混合,形成一定浓度的可燃混合气进入气缸,并准确计量进气质量,同时将废气净化后排放到大气中。

二、空气供给系统的组成

电控汽油发动机空气供给部分主要由空气滤清器、空气流量计、进气软管、节气门体、进气总管、进气歧管等组成,如图 6-2-1 所示。

1. 空气滤清器

空气滤清器的作用是把空气中的尘土和砂粒分离出来,保证供给发动机足够量的清洁空气,以减少气缸、活塞和活塞环的磨损。

空气滤清器按其滤清方式可以分为惯性式和过滤式,按是否用机油可以分为干式和湿式。把它们组合起来就有干惯性式、干过滤式、湿惯性式、湿过滤式、综合式(惯性式和过滤式的综合)。

惯性式空气滤清器是根据离心力或惯性力与质量成正比的原理,利用尘土比空气重的特点,引导气流作高速旋转运动,重的尘土就会自动地从空气中甩出去;或者引导气流突然改变流动方向,重的尘土就会来不及改变方向而从空气中分离出去。惯性式空气滤清器的优点是进气阻力小,保养简单;缺点是滤清能力不强,即滤清效果差。

过滤式空气滤清器是根据吸附原理,引导气流通过滤芯(如金属网、丝、棉质和纸质等物质),将尘土隔离并黏附在滤芯上,从而使空气得到滤清,如图 6-2-2 所示。过滤式空气滤清器的优点是滤清能力强,滤清效果好;缺点是进气阻力大,滤芯易堵塞。

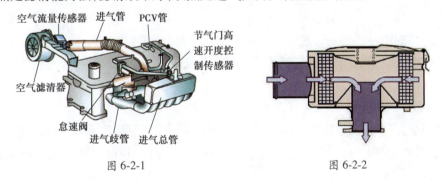

图 6-2-1   图 6-2-2

2. 进气压力及温度传感器

进气压力传感器用于探测进气管内进气质量的变化,获得发动机的负荷信息,是供给 ECU 计算喷油量和点火提前角的主要信号之一。其功用是通过检测发动机进气歧管内的压力变化获得负荷信息,并转换为电信号输送给发动机控制单元。进气温度传感器的结构是 NTC 负温度系数热敏电阻,温度上升阻值下降,温度下降阻值上升,因此可以通过对照"温度电阻对照表"来对其进行检测,若和对照表上的对应数据有差异,即可判断为进气温度传感器发生故障,其结构如图 6-2-3 所示。

3. 空气流量计

空气流量计可以直接测量进气质量,也称为空气流量传感器,是电喷发动机的重要传感器之一。它将吸入的空气流量转换成电信号送至ECU,作为决定喷油的基本信号之一,是测定吸入发动机空气流量的传感器。电子控制汽油喷射发动机为了在各种运转工况下都能获得最佳浓度的混合气,必须正确地测定每一瞬间吸入发动机的空气量,以此作为ECU计算(控制)喷油量的主要依据。如果空气流量传感器或线路出现故障,ECU得不到正确的进气量信号,就不能正常地进行喷油量的控制,将造成混合气过浓或过稀,使发动机运转不正常。

电子控制汽油喷射系统的空气流量传感器有多种形式,按其结构形式可分为叶片(翼板)式、量芯式、热线式、热膜式、卡门涡旋式等几种,其中热线式和热膜式最为常见,其结构原理如图6-2-4所示。

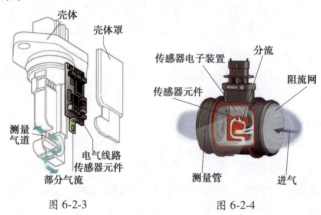

图 6-2-3   图 6-2-4

4.节气门体

节气门体的主要功用是通过改变节气门开度的大小,来改变进气通道的横截面积,从而改变发动机的进气量,控制发动机的运转工况。节气门体位于空气流量计之后的进气管上,它包括节气门、节气门位置传感器、怠速旁通气道等,如图6-2-5所示。

(1)节气门位置传感器

节气门位置传感器的功用是将节气门的开度信号转换成电压信号输送到发动机的ECU,以便在节气门不同开度状态下控制喷油器的喷油量。节气门位置传感器的类型有线性式和开关式两种。

(2)怠速控制阀

怠速控制阀通常安装在节气门体上,利用ECU来控制节气门旁通气道的大小来增加或减少怠速进气量,使发动机保持最佳的怠速。常见的怠速控制阀有步进电机式、电磁式和旋转滑阀式3种。

(3)怠速空气阀

怠速空气阀的功用是在发动机低温起动和运转过程中,增加流经旁通空气道中的空气量,缩短暖机时间;在发动机达到正常温度的过程中,逐渐减小旁通空气通道中的空气量,直到完全关闭旁通空气通道。怠速空气阀一般都安装在绕过节气门的旁通空气道中。常见的怠速空气阀有两种,分别为双金属片式和石蜡式。

（4）电子控制节气门

电子控制节气门（ETCS-i）的功用是利用发动机 ECU 来精确地控制节气门开度。该系统主要由加速踏板位置传感器、ECU 和节气门体（图 6-2-6）等组成。

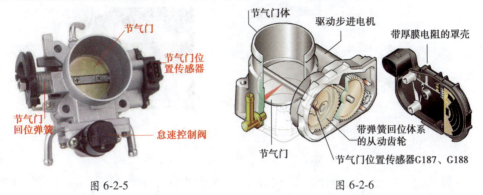

图 6-2-5　　　　　　　　　　　　　　　　　图 6-2-6

为了保证加速踏板传感器 APP 和节气门位置传感器 TPS 的测量精度和可靠性，电子节气门控制系统都使用双传感器结构，两个传感器的电压信号之间呈现特定的代数对应关系，两个加速踏板传感器信号电压之间的关系是 $V_{APP1} = 2V_{APP2}$，两个节气门位置传感器信号电压之间的关系是 $V_{TPS1} + V_{TPS2} = 5$ V。

5. 进气管

进气管包括进气总管和进气歧管。进气总管具有稳压的功能，可减小由于气缸进气而产生的空气脉动。进气总管上一般装有节气门体、进气压力传感器、进气温度传感器、空气流量传感器等。

进气歧管一般采用一缸一根式，但为了增加进气气流速度，一缸二根进气歧管的使用也相当广泛（即多气门发动机）。其中，一根进气歧管常进气，而另一根进气歧管的进气与否根据发动机的负荷利用真空膜片阀控制。为了保证各缸配气的均匀，对进气总管、进气歧管在形状、长短、容积等方面都提出了严格的设计要求。进气总管与进气歧管有的制成整体的，有的分开制造再以螺栓连接，其结构如图 6-2-7 所示。

发动机气缸的充气效率 η（η = 实际充气量/理论充气量）直接影响发动机的输出功率。为了提高发动机的输出功率，现代汽车使用了许多提高发动机充气效率的控制技术，常见的有废气涡轮增压控制装置、进气谐波（长短气道）控制系统和可变气门相位控制系统等。

三、排气系统

1. 排气歧管与排气总管

排气歧管连接在各个气缸的排气道上，然后排气歧管集中到排气总管上，因排气温度较高，所以排气歧管和排气总管一般用铸铁或薄钢板制成，其结构如图 6-2-8 所示。

2. 排气消声器

排气消声器的作用是降低从排气管排出废气的温度和压力，以消除火星和噪声。排气消声器的基本原理是：消耗废气流的能量，平衡气流的压力波动。通常采用以下几种方法：

多次改变气流方向、重复地使气流通过收缩而又扩大的断面、将气流分割为很多小的支流并沿着不平滑的平面流动、将气流冷却。

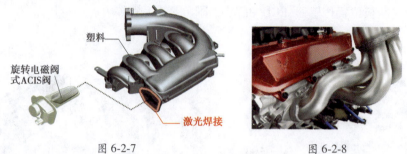

图 6-2-7 　　　　　　　　　　　　　　图 6-2-8

废气进入多孔管后,再进入多孔管与外壳间的滤声室,受到反射,并在这里膨胀冷却,又经过多次与壁碰撞消耗能量,使废气温度、压力和流速都显著降低,从而消减了排气噪声,消除了火焰和火星。

排气消声器一般由外壳、多孔管和隔板组成,如图 6-2-9 所示。隔板在外壳内隔成几个尺寸不同的滤声室。

3. 三元催化器

三元催化器,是安装在汽车排气系统中最重要的机外净化装置,它可将汽车尾气排出的 CO、HC 和 NO_x 等有害气体通过氧化和还原作用转变为无害的 CO_2、H_2O 和 N_2。当高温的汽车尾气通过净化装置时,三元催化器中的净化剂将增强 CO、HC 和 NO_x 3 种气体的活性,促使其进行一定的"氧化—还原"化学反应,其中 CO 在高温下氧化成为无色、无毒的 CO_2;HC 化合物在高温下氧化成 H_2O 和 CO_2;NO_x 还原成 N_2 和 O_2。3 种有害气体变成无害气体,使汽车尾气得以净化。三元催化器上有前氧传感器和后氧传感器,如图 6-2-10 所示。

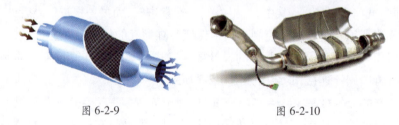

图 6-2-9 　　　　　　　　　　　　　　图 6-2-10

任务实施

训练 1　拆卸进排气系统总成

准备工作

扭力扳手、开口扳手、棘轮扳手、接杆、套筒等,如图 6-2-11 所示。

操作要领

①拆下发动机进气管,拆下进气软管,拆下节气门位置传感器及怠速控制阀连接线,如

图 6-2-12 所示。

图 6-2-11　　　　　　　　　　　　　图 6-2-12

②用指针式扭力扳手分两次交叉对角预松节气门体螺栓,如图 6-2-13 所示;再用棘轮扳手拆下节气门体螺栓,如图 6-2-14 所示。

图 6-2-13　　　　　　　　　　　　　图 6-2-14

③取下节气门体总成,如图 6-2-15 所示。

④用指针式扭力扳手分两次交叉对角预松燃油分配管及喷油器总成,如图 6-2-16 所示。

图 6-2-15　　　　　　　　　　　　　图 6-2-16

⑤用棘轮扳手拆下燃油分配管及喷油器总成螺栓,水平向上取出,如图 6-2-17 所示。

⑥用指针式扭力扳手分两次交叉对角预松燃油分配管及喷油器总成，如图6-2-18所示；再用棘轮扳手拆下螺栓并取下进气管总成，如图6-2-19所示。

图 6-2-17

图 6-2-18

⑦取下进气管总成，如图6-2-20所示；然后将取下的零部件总成摆放整齐，如图6-2-21所示。

图 6-2-19

图 6-2-20

⑧用开口扳手拧松前氧传感器，如图6-2-22所示；并用手旋下前氧传感器，如图6-2-23所示。

图 6-2-21

图 6-2-22

⑨先用指针式扭力扳手分两次从两端向中间预松排气管总成螺母,如图 6-2-24 所示;再用棘轮扳手拆下排气管总成螺母,如图 6-2-25 所示。

图 6-2-23

图 6-2-24

⑩取下排气管总成,如图 6-2-26 所示;并将零件摆放整齐,如图 6-2-27 所示。

图 6-2-25

图 6-2-26

质量标准与
注意事项

训练 2　安装进排气总成

准备工作

预置式扭力扳手、棘轮扳手、接杆、开口扳手、密封胶、套筒等,如图 6-2-28 所示。

操作要领

①给气缸盖排气管连接面均匀打上一层厚薄适中的密封胶,如图 6-2-29 所示;对齐螺栓孔,安装排气管总成,如图 6-2-30 所示;用手将排气管总成螺母拧入 3~4 牙,如图 6-2-31 所示。

图 6-2-27

图 6-2-28

图 6-2-29

图 6-2-30

图 6-2-31

②用棘轮扳手将螺母拧到底,如图 6-2-32 所示;再用预置式扭力扳手从中间向两端拧紧,分两次拧紧至规定力矩,如图 6-2-33 所示。

图 6-2-32

图 6-2-33

③给气缸盖进气管连接面均匀打上一层厚薄适中的密封胶;对齐螺栓孔,安装进气管总成,先用棘轮扳手将进气管螺栓拧到底,再用预置式扭力扳手分两次从中间向两端拧紧至规定力矩,如图 6-2-34 所示。

④水平向下装入燃油分配管及喷油器,喷油器应更换新的密封圈,如图 6-2-35 所示;先

用棘轮扳手将螺栓拧到底,再用预置式扭力扳手分两次将螺栓拧紧至规定力矩,如图 6-2-36 所示。

图 6-2-34

图 6-2-35

⑤安装节气门体总成,先用棘轮扳手将节气门体总成螺栓拧到底,如图 6-2-37 所示;再用扭力扳手分两次交叉对角拧至规定力矩,如图 6-2-38 所示。

图 6-2-36

图 6-2-37

⑥安装进气软管及空气滤清器总成,如图 6-2-39 所示。

图 6-2-38

图 6-2-39

质量标准与
注意事项

/任务三/ 认知与检修燃油供给部分

燃油供给部分的主要任务是储存燃油并给燃油系统提供足够的具有规定压力的清洁燃油,同时为燃油系统提供相应的清洁空气。

知识目标

- 能说明燃油供给部分的组成;
- 能说明汽油箱的作用及结构;
- 能描述汽油泵的结构;
- 能描述汽油滤清器的作用及结构。

技能目标

- 会拆卸燃油泵;
- 会检测判断燃油泵性能;
- 会更换燃油泵;
- 会拆卸汽油箱;
- 会检测汽油箱。

相关知识

汽油发动机燃油供给部分由汽油供给(包括汽油箱、汽油泵、汽油滤清器、燃油分配管、输油管路、油压调节器(部分车型有)、喷油器,如图6-3-1所示)和空气供给两部分组成。

1. 燃油箱

燃油箱(油箱)的作用是储存汽油,其容量通常可供汽车行驶300~600 km。普通汽车只有一个燃油箱,越野汽车则常有主、副两个燃油箱。在货车上,汽油箱通常装在车架外侧、驾驶人座下或货台下面。轿车的燃油箱则安装在车架的后部。

燃油箱箱体是用薄钢板冲压件焊接而成,其上部设有加油管,燃油箱上表面装有燃油量传感器和出油管,如图6-3-2所示。加油管上部由油箱盖盖住,加油管管内带有可拉出的延伸管,延伸管底部有滤网,加油时可滤去杂质。出油管上端与汽油滤清器相通,下端伸入油箱底部但距离箱底有一段距离,以防止吸出沉淀的杂质和水分。燃油箱内装有隔板,可减轻汽车行驶时汽油的振荡。油箱底部有放油螺塞,用以排除箱内的积水和污物。

2. 电动燃油泵

电动燃油泵是一种由小型直流电动机驱动的燃油泵,电动燃油泵的作用是供给各喷油器及冷起动喷油器所需要的燃油,并使燃油压力升高,以便于喷油雾化。电动燃油泵常安装在油箱内,与滤网、燃油表、浮子等结合为整体。内置式燃油泵常为涡轮式,由电机、涡轮泵、单向阀、卸压阀等组成。燃油先经滤网过滤后由涡轮泵出,顶开单向阀输入油管。

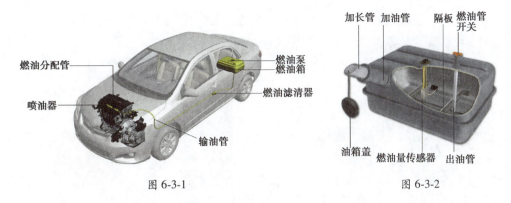

图 6-3-1   图 6-3-2

电动燃油泵由点火开关和油泵继电器控制,采用多点喷射方式。常用的电动汽油泵有涡轮式、滚柱式和齿轮式3种,如图 6-3-3 所示。

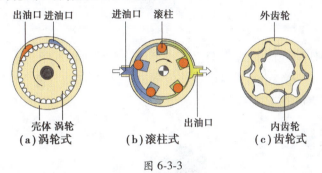

（a）涡轮式   （b）滚柱式   （c）齿轮式

图 6-3-3

电动燃油泵常用涡轮式电动燃油泵,涡轮式电动燃油泵的特点是泵油量大、泵油压力高、供油压力稳定、运转噪声小、使用寿命长等,所以应用最为广泛。其结构主要是由燃油泵电动机、涡轮泵、出油阀、卸压阀等组成,如图 6-3-4 所示。

涡轮泵由叶片、叶轮、外壳和泵盖组成,叶片紧贴泵壳,叶轮由电机带动,在离心力作用下,将油经窄小缝隙由进油室驱至出油室从而得到加压。

油泵通电时,电机带动叶轮转动,将油从进油口吸出,经单向阀压出。当油泵停止工作时,单向阀关闭,防止燃油倒流,保持管内残余压力,便于下次起动。当油泵输出油压达到0.04 MPa 左右时,泄压阀打开,高压燃油回到进油室,在泵和电机内部循环,防止管路出现阻塞时油压过高而造成油管破裂或油泵损坏。燃油经电动机输出,可起到冷却电机的作用,其工作原理如图 6-3-5 所示。

内装式燃油泵淹没在汽油中,靠不断流过燃油泵内部的燃油冷却。因此禁止电动燃油泵在无油的情况下运转,否则容易烧坏燃油泵。

3. 燃油滤清器

燃油滤清器常安装在车辆地板下或发动机舱中,位于电动燃油泵后方的油路中。其作用是滤去燃油中的杂质和水分,防止燃油系统堵塞,减小机械磨损,确保发动机正常工作,其滤清原理如图 6-3-6 所示。

它主要是由进出油管、滤芯、内孔管、座圈等组成,如图 6-3-7 所示。滤芯采用花形结构,这种结构的特点是单位体积内过滤面积大。滤清器内经常承受 200~300 kPa 的燃油压力，因此，要求滤清器壳体及油管的耐压强度应在 500 kPa 以上。

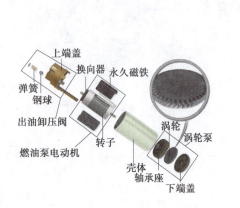

上端盖
换向器
永久磁铁
弹簧
钢球
出油卸压阀
转子
燃油泵电动机
涡轮
涡轮泵
壳体
轴承座
下端盖

图 6-3-4

蓄电池
限压阀
ECU
点火开关
曲轴位置传感器信号
凸轮轴位置传感器信号
P/N信号
涡轮
出油口
进油口
涡轮旋转时，涡轮内的汽油随同一起高速旋转，出油口处的油压增高，进油口处油压降低，从而使汽油从进油口处吸入，从出油口流出。

图 6-3-5

滤清器在长期使用过程中，滤芯容易堵塞而导致车辆性能下降，故燃油滤清器需要定期更换。燃油滤清器的更换，没有明确的维修间隔，只要出现堵塞就应立即更换。更换时应注意安装方向的标记，如图 6-3-8 所示。

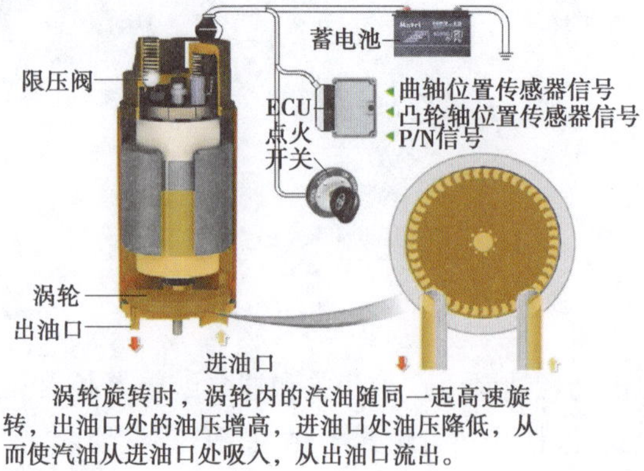

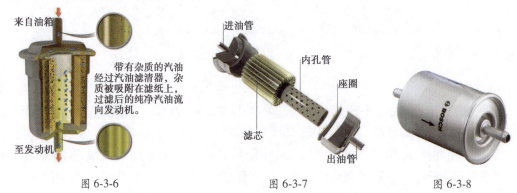

来自油箱
带有杂质的汽油经过汽油滤清器，杂质被吸附在滤纸上，过滤后的纯净汽油流向发动机。
至发动机

图 6-3-6

进油管
内孔管
座圈
滤芯
出油管

图 6-3-7

BOSCH

图 6-3-8

油压调节器

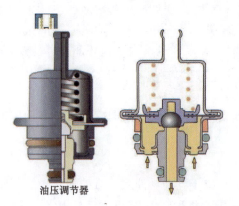

图 6-3-9

4. 燃油压力调节器

燃油压力调节器的作用是使系统油压（即供油总管内油压）与进气歧管压力之差保持恒定，一般为 250~300 kPa。从喷油器喷出的燃油量便唯一取决于燃油的喷射时间，ECU 才能通过控制喷油器的通电时间来控制喷油量，从而对喷油量和空燃比进行精确控制。

燃油压力调节器的结构与原理：燃油压力调节器通常装在燃油分配管的一端，如图 6-3-9 所示；外壳由金属制成，以膜片分隔成两室，弹簧室通过真空软管与进气歧管相连，汽油室通过进油口、回油口分别连接供油总管和油箱。

　　燃油压力、进气歧管真空的吸力及弹簧弹力作用在膜片上,当三力平衡时,膜片保持不动,回油阀门关闭。当燃油压力超过预定值时,燃油将膜片上顶,克服弹簧弹力打开回油阀门,多余燃油流回油箱,从而使油室油压保持在预定值。当节气门开度变化导致进气管内真空变化时,膜片会上下移动以改变燃油压力,使燃油压力与进气歧管压力之差保持在 0.25 MPa。

　　一般情况下,汽油泵的泵油量是喷油器总喷油量的 6~10 倍,因而燃油压力调节器的阀门大部分时间处于开启状态,这样通过燃油的不断循环来冷却喷油器,防止产生气阻。

　　5. 油压脉动缓冲器

　　当燃油泵泵油、喷油器喷射及油压调节器的回油平面阀开闭时,都将引起燃油管路中油压的脉动和脉动噪声。所以,油压脉动缓冲器的作用就是减小燃油管路中油压的脉动和脉动噪声,并能在发动机停机后保持油路中有一定的压力,以利于发动机重新起动。

　　油压脉动缓冲器的结构如图 6-3-10 所示,膜片将缓冲器分成空气室和燃油室两部分。当发动机工作时,燃油从进油口流进燃油室,由出油口流出。压力脉动的燃油使膜片弹簧或张或弛,燃油室的容积则或增或减,从而消减了油压的脉动。发动机停机后,膜片弹簧推动膜片向上,将燃油挤出燃油室,以保持管路中有一定的油压。

　　6. 燃油分配总管

　　燃油分配总管一般是由钢或铝制成的方形管或圆形管,用于安装喷油器、燃油压力调节器。它容积较大,可起到储油、蓄压和稳压的作用,其结构如图 6-3-11 所示。

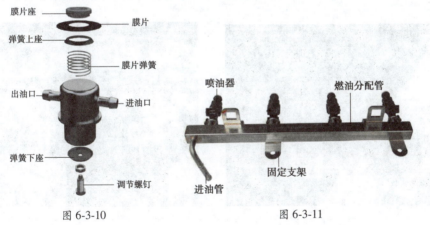

图 6-3-10　　　　　　　　　　　　　　图 6-3-11

任务实施

训练　检测喷油器

准备工作

车内外三件套、万用表等,如图 6-3-12 所示。

操作要领

①打开发动机舱盖,安装好车内外三件套,拉紧手刹,将变速箱置于空挡或停车挡,关点火开关。

②拔下喷油器插头,如图 6-3-13 所示。

图 6-3-12

图 6-3-13

③连接 T 形线至插头端,如图 6-3-14 所示。

④打开点火开关,将万用表置于 20 V 挡,并测量电源、搭铁线二个端子电压,其值应分别为 12 V、5 V(图 6-3-15)和 0 V 左右(图 6-3-16)。如电压值不正常则应检测保险、继电器及线路。

图 6-3-14

图 6-3-15

⑤取下 T 形线,并将 T 形线连接于喷油器端,如图 6-3-17 所示。

⑥将万用表置于 Ω 挡,检查喷油器电阻值,其阻值应大于 13 Ω,如图 6-3-18 所示。

⑦关闭点火开关,将带一电阻的试灯笔串联至喷油器线路上,如图 6-3-19 所示。

⑧启动发动机,观察试灯笔是否闪亮,如闪亮表明从 ECU 传来的信号正常,否则应检测 ECU,如图 6-3-20 所示。

⑨取下 T 形线,插上插头,整理车内外三件套,整理工量具及线包,如图 6-3-21 所示。

图 6-3-16

图 6-3-17

图 6-3-18

图 6-3-19

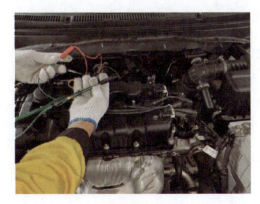

图 6-3-20

图 6-3-21

质量标准与
注意事项

165

任务四　认知与检修电控部分

汽油机燃油供给系统电控部分主要由传感器、ECU 和执行器组成,主要检测发动机的运行状况,经 ECU 处理后为喷油器提供喷油信号,并满足发动机运行要求。

知识目标

- 能描述传感器的类型和原理;
- 能说明喷油器的作用;
- 能解释传感器的控制方法。

技能目标

- 会拆卸喷油器;
- 会按技术要求检测判断喷油器的好坏;
- 会按技术要求更换喷油器。

相关知识

一、电控部分的主要传感器

1. 空气流量计

空气流量计是测量发动机进气量的装置,也称为空气流量传感器。它的功用是将吸入的空气量转换为电信号传送给发动机 ECU,是发动机 ECU 确定发动机基本喷油量的重要信号之一。根据测量原理的不同,空气流量计又分为热线式、热膜式和卡门旋涡式 3 种。

2. 进气歧管绝对压力传感器

进气歧管绝对压力传感器的功用是通过检测进气歧管内的绝对压力,并将其转变为电压信号输送到发动机的 ECU,发动机的 ECU 据此和发动机转速信号确定实际进气量。

3. 进气温度传感器

进气温度传感器通常安装在空气滤清器之后的进气软管或空气流量计上,也有个别车型将其安装在进气管的动力腔上,用以检测进气温度,它与进气歧管绝对压力传感器联合使用可以间接测量进入气缸的空气量。发动机电控单元 ECU 根据进气温度传感器检测到的进气温度来修正喷油量,使发动机自动适应外部环境(寒冷、高温、高原、平原)的变化。

4. 氧传感器

氧传感器是电子控制燃油喷射系统进行反馈控制的传感器,一般安装在排气管上。它的功用是用来检测排气中的氧气含量,以确定实际空燃比是比理论空燃比大还是小,并向发动机 ECU 反馈相应的电压信号。发动机 ECU 根据氧传感器反馈的混合气浓度信号,在上次喷油量的基础上对本次喷油量进行减小或增加的修正。目前实际应用的氧传感器主要有氧化锆式和氧化钛式两种。

5. 节气门位置传感器

节气门位置传感器的作用是将节气门(俗称油门)开度的大小转换为电信号输送给发动机电控单元 ECU,发动机电控单元根据此信号判断发动机的工况,并根据发动机的不同工况对混合气浓度的需求来控制喷油量。

6. 曲轴位置传感器

曲轴位置传感器的作用是检测曲轴转角、发动机转速和活塞上止点,是电控发动机控制点火时刻、确定曲轴位置不可缺少的信号源。

常用的曲轴位置传感器有磁感应式(如图 6-4-1 所示)、霍尔式和光电式 3 种。目前大多采用磁感应式和霍尔式曲轴位置传感器,光电式应用较少。

检测曲轴位置传感器好坏的方法是用解码器读数据流。

7. 凸轮轴位置传感器

凸轮轴位置传感器与曲轴位置传感器的作用、原理和构造基本相同。凸轮轴位置传感器(可变正时,进气凸轮)的安装位置,如图 6-4-2 所示。

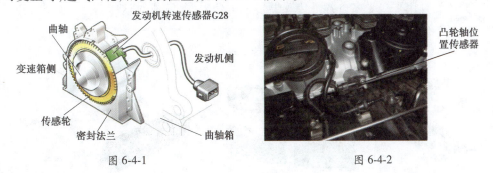

图 6-4-1　　　　　　　　　　　　图 6-4-2

8. 冷却液温度传感器

冷却液温度传感器(图 6-4-3)用以检测发动机冷却液的温度,修正喷油量。其外部多用金属制造,安装在发动机的出水口上,其工作原理与进气温度传感器相同。

9. 爆燃传感器

爆燃传感器(图 6-4-4)的作用是将发动机的振动频率转换成电压信号输送给 ECU,ECU根据输入电压信号对是否爆燃进行判断。当发动机发生爆燃时,ECU 控制逐步减小点火提前角以消除爆燃;当发动机没有发生爆燃时,ECU 又会逐步增大点火提前角来使发动机获得最大的扭矩。爆燃传感器有磁致伸缩式和压电式两种类型。

图 6-4-3　　　　　　　　　　　　图 6-4-4

爆燃传感器安装在发动机缸体上。安装压电式爆燃传感器时,不允许使用任何类型的垫圈。

10. 电子油门踏板位置传感器

电子油门踏板位置传感器是电子油门系统中的一个重要的部件,电子油门通过电子油门踏板位置传感器传送油门踩踏深浅与快慢的信号,并将信号送至 ECU 接收和解读,然后再发出控制指令要节气门依指令快速或缓和开启相应的角度。电子油门系统主要由油门踏板、电子油踏板位置、ECU、数据总线、伺服电动机和节气门执行机构组成,油门踏板位置传感器的结构如图 6-4-5 所示。

电子油门踏板位置传感器就安装在油门踏板内部,随时监测油门踏板的位置。当监测到油门踏板高度位置有变化时,会瞬间将此信息送往 ECU,ECU 对该信息和其他系统传来的数据信息进行运算处理,计算出一个控制信号,通过线路送到伺服电动机继电器,伺服电动机驱动节气门执行机构,数据总线则是负责系统 ECU 与其他 ECU 之间的通信。

二、电控单元

电控单元是用来接受来自各个传感器传来的信号,并完成对这些信息的处理和发出指令控制执行器的动作,如图 6-4-6 所示。

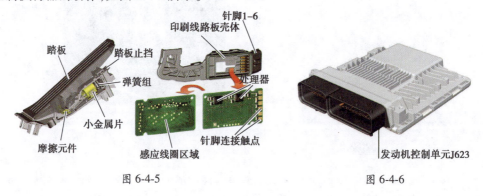

图 6-4-5   图 6-4-6

三、执行器

1. 怠速控制阀

怠速控制阀通常安装在节气门体上,利用 ECU 来控制节气门旁通气道的大小来增加或减少怠速进气量,使发动机保持最佳的怠速。常见的怠速控制阀有步进电机式、电磁式和旋转滑阀式 3 种。

2. 电子控制节气门

电子控制节气门(ETCS-i)的功用是利用发动机 ECU 来精确地控制节气门开度。该系统主要由加速踏板位置传感器、ECU 和节气门体等组成,如图 6-4-7 所示。

为了保证加速踏板传感器 APP 和节气门位置传感器 TPS 的测量精度和可靠性,电子节气门控制系统都使用双传感器结构,两个传感器的电压信号之间呈现特定的代数对应关系,两个加速踏板传感器信号电压之间的关系是 $V_{APP1} = 2V_{APP2}$,两个节气门位置传感器信号电压

之间的关系是 $V_{\text{TPS1}} + V_{\text{TPS2}} = 5\ \text{V}$。

3. 发动机废气再循环 EGR 系统

在发动机高温和富氧的条件下，其废气排放过程中容易生成 NO_x 化合物，由于废气主要是惰性气体，所以具有较好的吸热性。因此，在发动机工作过程中，如果适时、适量地将部分废气再次引入到气缸内，废气可将燃烧产生的部分热量吸收，从而降低气缸燃烧的最高温度，也就抑制了 NO_x 化合物的生成量。控制废气适时、适量地再次引入气缸的系统称为废气再循环系统，如图 6-4-8 所示。这种废气再循环系统主要由 EGR 阀、EGR 真空电磁阀和 CVC 阀等组成。其中 CVC 阀的功用是保持进入 EGR 真空电磁阀的真空度恒定不变；EGR 阀上的 EGR 阀位置传感器的功用是检测 EGR 阀的开度，并利用电位计将开启位置转变为电压信号，反馈给发动机的 ECU，并作为其控制废气再循环的参考信号。

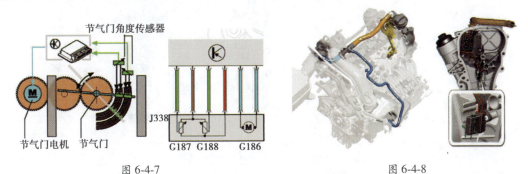

图 6-4-7　　　　　　　　　　　　　　　　　　　图 6-4-8

该系统的工作过程：在发动机工作时，ECU 根据发动机转速、空气流量、进气管压力、冷却液温度、点火、EGR 阀位置等信号，控制 EGR 真空电磁阀的电磁线圈的通电时间长短，来控制进入 EGR 阀真空气室的真空度，从而控制 EGR 阀的开度来改变参与再循环的废气量。

4. 喷油器

喷油器主要接受 ECU 传来的信号进行喷油。现在生产的电控汽油发动机都有喷油器（除了摩托车），喷油器俗称喷油嘴。喷油器安装在发动机上的位置，如图 6-4-9 所示。对于缸外喷射的汽油发动机而言，喷油器将汽油喷到发动机的进气管中；对于缸内喷射的汽油发动机而言，喷油器将汽油直接喷入到气缸内部。喷油器的作用就是定时喷油和断油，提高汽油雾化质量。

电控汽油发动机管理系统（图 6-4-10）根据喷油器电磁线圈的阻值，可分为低阻喷油器（$2 \sim 3\ \Omega$）和高阻喷油器（$11 \sim 17\ \Omega$）两种，多数车型采用高阻喷油器。喷油器还有单孔和多孔之分。

喷油器由进油滤网、电磁线圈、复位弹簧、衔铁、轴针、针阀、线束连接器等组成，如图 6-4-11 所示。喷油器不喷油时，复位弹簧通过衔铁使针阀紧压在阀座上，防止滴油。

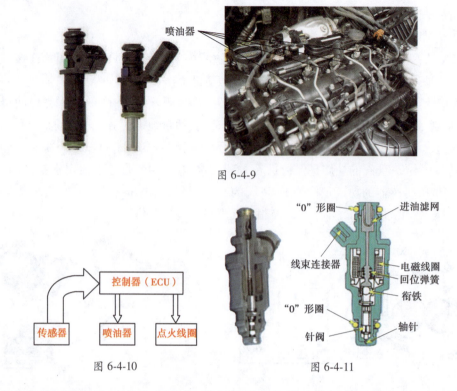

图 6-4-9

图 6-4-10

图 6-4-11

当电磁线圈通电时,产生电磁吸力,将衔铁吸起并带动针阀离开阀座,同时复位弹簧被压缩,汽油经过针阀并由轴针与喷口的环隙或喷孔中喷出;当电磁线圈断电时,电磁吸力消失,复位弹簧迅速使针阀关闭,喷油器停止喷油。

喷油器是一种加工精度非常高的精密器件,要求其动态流量范围大,抗堵塞和抗污染能力强以及雾化性能好。由于汽油发动机工作转速达每分钟几千转,喷油器的喷油时间是以毫秒计,汽油发动机喷油器实质上是一种高频电磁阀。喷油器故障有脏堵、绕组烧毁;针阀故障有不喷油、常喷油、滴漏、雾化不良、锥角和射程不良。检测喷油器时,应拔下喷油器的接头,将数字万用表两表棒接到喷油器的两个接线端,测量喷油器线圈的电阻值。要求电阻值应符合要求,各缸喷油器的阻值应相等;否则,应更换喷油器。

任务实施

训练 1　检测凸轮轴位置传感器

准备工作

万用表,线包,示波器,如图 6-4-12 所示。

操作要领

①打开发动机舱盖,如图 6-4-13 所示。

图 6-4-12

图 6-4-13

②装好车内三件套,如图 6-4-14 所示。

③装好车外三件套,如图 6-4-15 所示。

图 6-4-14

图 6-4-15

④拉紧手刹,如图 6-4-16 所示。

⑤将变速箱置于空挡或停车挡,如图 6-4-17 所示。

图 6-4-16

图 6-4-17

⑥关点火开关,如图 6-4-18 所示。

⑦拔下凸轮轴位置传感器插头,如图 6-4-19 所示。

⑧连接 T 形线至插头端,如图 6-4-20 所示。

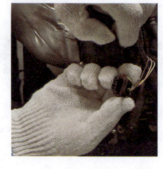

图 6-4-18　　　　　　　　　图 6-4-19　　　　　　　　　图 6-4-20

⑨打开点火开关,将万用表置于 20 V 挡,并测量信号、电源、搭铁线三个端子电压,其值应分别为 12 V、5 V 和 0 V 左右,如电压值不正常则应检测保险、继电器及线路,如图 6-4-21 所示。

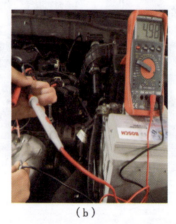

（a）　　　　　　　　　　（b）　　　　　　　　　　（c）

图 6-4-21

⑩将万用表置于 Ω 挡,检查线路对地是否有短路,其阻值应大于 10 MΩ,如图 6-4-21 所示。

⑪连接 T 形线至传感器端,万用表置于 Ω 挡,测量传感器的阻值,应在常温下应为 700 Ω 左右,如不正常应更换传感器,如图 6-4-22 所示。

⑫连接 T 形线插头与传感器,起动发动机检测信号电压是否有规律地在 6 V 上下跳动,如不跳动或跳动无规律应更换传感器,如图 6-4-23 所示。

⑬取下 T 形线,插上插头,整理车内外三件套,整理工量具及线包。

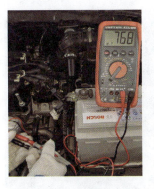

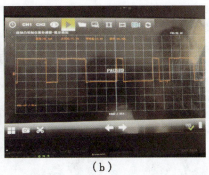

（a）　　　　　　　（b）

图 6-4-22　　　　　　　　　　　图 6-4-23

质量标准与
注意事项

训练 2　检测曲轴位置传感器

准备工作

万用表,线包,如图 6-4-24 所示。

操作要领

①打开发动机舱盖,装好车内外三件套,拉紧手刹,将变速箱置于空挡或停车挡,关点火开关。

②拔下曲轴位置传感器插头,如图 6-4-25 所示。

③连接 T 形线至插头端(ECU 端),如图 6-4-26 所示。

④打开点火开关,将万用表置于 20 V 挡,并测量信号线 2 个端子电压,其值应分别为 2.5 V 和 2.5 V 左右,如电压值不正常则应检测保险、继电器及线路,如图 6-4-27 所示。

图 6-4-24

图 6-4-25

图 6-4-26

173

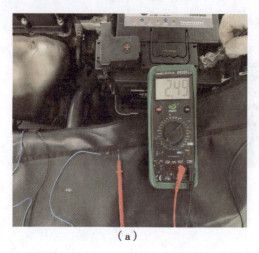
（a）

（b）

图 6-4-27

⑤将万用表置于 Ω 挡,检查线路对地是否有短路,其阻值应大于 10 MΩ,如图 6-4-28 所示。

⑥连接 T 形线至传感器端,万用表置于 Ω 挡,测量传感器的阻值,在常温下应为 700 Ω 左右,如不正常应更换传感器,如图 6-4-29 所示。

图 6-4-28

图 6-4-29

⑦连接 T 形线插头与传感器,启动发动机检测曲轴位置传感器电压是否有规律地在 6.5 V 左右变化,加速后电压上升,如不变化或变化无规律应更换传感器,如图 6-4-30 所示。

⑧取下 T 形线,插上插头,整理车内外三件套,整理工量具及线包

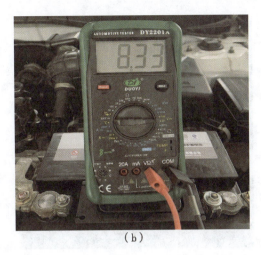

（a）　　　　　　　　　　　　（b）

质量标准与
注意事项

图 6-4-30

。

训练 3　检测前氧传感器

准备工作

万用表,线包。

操作要领

①打开发动机舱盖,装好车内外三件套,拉紧手刹,将变速箱置于空挡或停车挡,关点火开关。

②拔下前氧传感器插头,如图 6-4-31 所示。

③连接 T 形线至插座端(ECU 端),如图 6-4-32 所示。

图 6-4-31　　　　　　　　　　　　图 6-4-32

④打开点火开关,将万用表置于 20 V 挡,测量电源、信号、搭铁线 3 个端子电压,其值应分别为 12 V、3 V 和 0 V 左右,如电压值不正常则应检测保险、继电器及线路,如图 6-4-33所示。

（a）　　　　　　　　　　　（b）

图 6-4-33

⑤将万用表置于 Ω 挡,检查线路对地是否有短路,其阻值应大于 10 MΩ,如图 6-4-34 所示。

⑥连接 T 形线至传感器端,万用表置于 Ω 挡,测量传感器的阻值,在常温下应为 9 ~ 10 Ω 左右,如不正常应更换传感器,如图 6-4-35 所示。

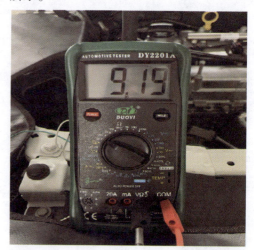

图 6-4-34　　　　　　　　　　图 6-4-35

⑦连接 T 形线插头与传感器,通电后检测信号静态电压 1.75 V。启动发动机检测信号动态电压是否有规律地在 0.75 V 左右变化,如不变化或变化无规律应更换传感器,如图 6-4-36 所示。

⑧取下 T 形线,插上插头,整理车内外三件套,整理工量具及线包。

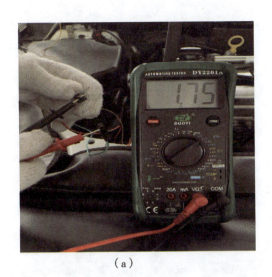 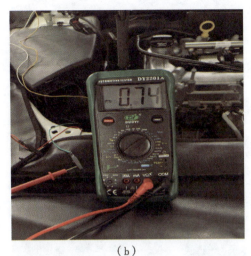

（a）　　　　　　　　　　（b）

图 6-4-36

质量标准与
注意事项

训练 4　检测节气门传感器

准备工作

万用表,线包。

操作要领

①打开发动机舱盖,装好车内外三件套,拉紧手刹,将变速箱置于空挡或停车挡,关点火开关。

②拔下节气门传感器插头,如图 6-4-37 所示。

③连接 T 形线至插头端,如图 6-4-38 所示。

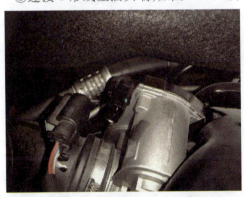 

图 6-4-37　　　　　　　　　　图 6-4-38

④打开点火开关,将万用表置于 20 V 挡,并测量传感器信号线电压为 5 V,电机信号线 2 个端子电压为 6.5 V,电源电压为 5 V,搭铁线电压为 0 V,如电压值不正常则应检测保险、继电器及线路,如图 6-4-39 所示。

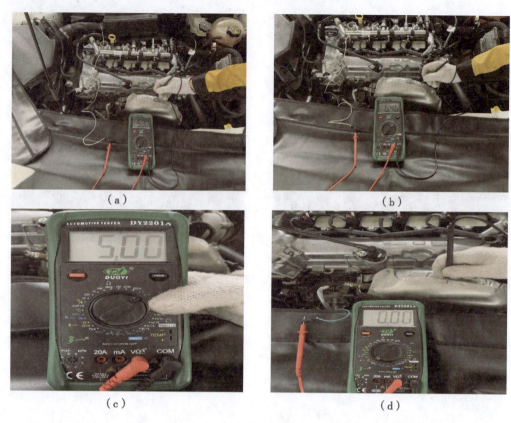

（a）　　　　　　　　　　　（b）

（c）　　　　　　　　　　　（d）

图 6-4-39

⑤将万用表置于 Ω 挡,检查线路对地是否有短路,其阻值应大于 10 MΩ。

⑥连接 T 形线至传感器端,万用表置于 Ω 挡,测量传感器的阻值,在常温下应接近 0 Ω,如不正常应更换传感器,如图 6-4-40 所示。

⑦连接 T 形线插头与传感器,通电后检测信号静态电压为 1.4 V 左右。启动发动机检测信号动态电压是否有规律地在 1.4~1.45 V 变化,如不变化或变化无规律应更换传感器,如图 6-4-41 所示。

质量标准与
注意事项

图 6-4-40

图 6-4-41

⑧取下 T 形线,插上插头,整理车内外三件套,整理工量具及线包。

训练 5　检测空气流量传感器

准备工作

万用表,线包,示波器。

操作要领

①打开发动机舱盖,装好车内外三件套,拉紧手刹,将变速箱置于空挡或停车挡,关点火开关。

②拔下空气流量传感器插头,如图 6-4-42 所示。

③连接 T 形线至插头端(ECU 端),如图 6-4-43 所示。

图 6-4-42

图 6-4-43

④打开点火开关,将万用表置于 20 V 挡,并测量信号、电源、搭铁线 3 个端子电压,其值应分别为 5 V、12 V 和 0 V 左右,如电压值不正常则应检测保险、继电器及线路,如图 6-4-44 所示。

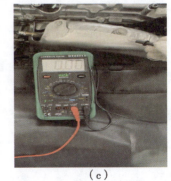

（a）　　　　　　　　　（b）　　　　　　　　　（c）

图 6-4-44

⑤将万用表置于 Ω 挡,检查线路对地是否有短路,其阻值应大于 10 MΩ,如图 6-4-45 所示。

⑥连接 T 形线至传感器端，万用表置于 Ω 挡，测量传感器的阻值，正常情况下应接近
0 Ω，如不正常应更换传感器，如图 6-4-46 所示。

图 6-4-45　　　　　　　　　　　　　　　图 6-4-46

⑦连接 T 形线插头与传感器，通电后检测信号静态电压为 1.32 V，启动发动机检测信号
动态电压是否有规律地在 8.23 V 左右变化，如不变化或变化无规律应更换传感器，如图
6-4-47 所示。

  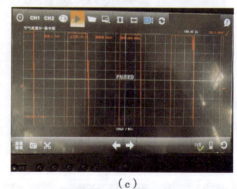

（a）　　　　　　　　　　（b）　　　　　　　　　　　（c）

图 6-4-47

训练6　检测空气压力传感器

准备工作

万用表，线包，示波器。

操作要领

①打开发动机舱盖，装好车内外三件套，拉紧手刹，将变速箱置于空挡或停车挡，关点火
开关。

②拔下空气压力传感器插头，如图 6-4-48 所示。

③连接 T 形线至插头端，如图 6-4-49 所示。

| 图 6-4-48 | 图 6-4-49 |

④打开点火开关,将万用表置于 20 V 挡,并测量信号、电源、搭铁线三个端子电压,其值应分别为 12 V、5 V 和 0 V 左右,如电压值不正常则应检测保险、继电器及线路,如图 6-4-50 所示。

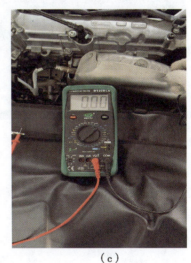

（a）　　　　　　　　　　（b）　　　　　　　　　　（c）

图 6-4-50

⑤将万用表置于 Ω 挡,检查线路对地是否有短路,其阻值应大于 10 MΩ,如图 6-4-51 所示。

⑥连接 T 形线至传感器端,万用表置于 Ω 挡,测量传感器的阻值,正常情况下电阻值接近 0 Ω,如不正常应更换传感器,如图 6-4-52 所示。

⑦连接 T 形线插头与传感器,通电后检测信号静态电压为 3.81 V,启动发动机检测信号动态电压是否有规律地在 6 V 左右变化,如不变化或变化无规律应更换传感器,如图 6-4-53 所示。

⑧取下 T 形线,插上插头,整理车内外三件套,整理工量具及线包。

图 6-4-51

图 6-4-52

质量标准与
注意事项

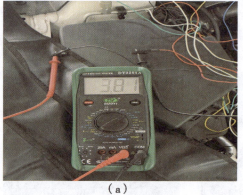

（a）

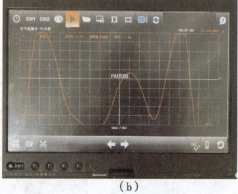

（b）

图 6-4-53